인생은 불친절하지만
나는 행복하겠다

인생은 불친절하지만
나는 행복하겠다

영국을 들끊게 한 버밍엄大 화제의 행복학 특강

자일스 브랜드리스 지음
강수희 옮김

7 Secrets of Happiness

Ć
추수밭

불친절한 인생,
그래도 나는 행복하게 살겠다

2013년 6월 17일 나는 버밍엄 대학교University of Birmingham의 배그스 기념 강연 연사로 섰다.

버밍엄 대학교 동문인 토마스 배그스Thomas Baggs는 1889년생으로 교사, 언론인, 〈데일리 메일Daily Mail〉 종군 기자를 거쳐 미국 자동차 광고·홍보 업계에서 성공적인 경력을 쌓은 인물이다. 1973년에 사망한 그는 죽기 전에 '행복이란 무엇이며 국가는 물론 개인이 어떻게 하면 행복할 수 있는지'에 대한 행복학 공개 특강을 매년 열어 달라며 대학에 상당한 재산을 기부했다.

첫 강연은 1976년 바이올린의 거장 예후디 메뉴인

Yehudi Menuhin이 시작했으며, 나는 서른일곱 번째 연사로 초청되었다. 한 시간에 걸친 내 강연에는 1,000명이 넘는 청중이 홀을 가득 메웠다. 나는 이처럼 뜨거운 반응은 처음이었다.

여기 청중으로 왔던 그레이스 서먼Grace Surman의 이야기를 옮겨 본다.

자일스 브랜드리스의 강연은 환상적이다. 지적이며 놀랍고 내가 들어 본 강연 중 최고다. 가히 혁명적이다.

이 외에도 수십 개의 유사한 의견들이 있다.

오늘 밤 자일스 브랜드리스의 연례 행복학 특강은 많은 생각을 하게 했다. – 대넌 스완튼Danann Swanton

자일스 브랜드리스의 행복학 특강 시간은 정말 최고였다. 그는 행복의 7가지 비밀을 정말 재미있고 흥미

진진하게 전달해 주었다. – 주디 다이크Judy Dyke

청중을 사로잡은 것은 바로 행복의 7가지 비밀이었다. 강연장을 떠나는 내게 청중들은 나도 가지고 있지 않은 행복의 비밀 강연 자료를 구할 수 없느냐고 물었다.

이 강연은 그날 이후 며칠간 트위터에서 큰 반향을 불러일으켰다. 원래의 내용이 다소 왜곡되어 돌아다니기도 해서 나는 이 책을 써야겠다고 마음먹었다.

내가 버밍엄 대학교에서 배그스 행복학 특강을 하기로 했던 이유는 에든버러 프린지 페스티벌에 참가한 뒤 국내외 투어에 올리기로 한 쇼 공연을 알리기 위해서였다. 공연 제목은 〈행복을 찾아서Looking for happiness〉이며, 이 책은 이 공연의 대본이라고나 할까? 단순히 그것만은 아니다. 이 책은 1996년 나의 가장 친한 친구가 세상을 떠나고 1997년 의원직을 잃고부터 17년을 계속해 온 여정의 결실이다.

나의 공연은 가벼우면서 동시에 진지하다. 그러나 이

책은 가볍기보다는 좀 더 진지하다. 나는 여기에서 행복이란 무엇이며 어떻게 찾을 수 있는지, 행복의 특성을 파헤치고 7가지 비밀을 나누고자 한다. 가끔 곁길로 빠지고 개인적인 이야기나 사례들이 등장할 수 있지만, 크게 주제를 벗어나지는 않을 것이다.

나는 행복을 찾아 세계 각지를 돌았고, 놀라운 사람들도 많이 만났다. 바티칸에서는 교황의 구마 사제(사람, 장소, 사물에 깃든 악령을 쫓는 의식을 수행하는 신부-옮긴이)를 만났고, 캄보디아 메콩 강 주변에서는 불교 승려들을 만났다. 심지어 자기 계발서계의 대부인 새뮤얼 스마일스 Samuel Smiles, 1812~1904가 태어난 스코틀랜드의 이스트 로디언East Lothian까지 찾았다.

특히 기억에 남는 것은 남아프리카공화국 케이프타운의 자택에서 데즈먼드 투투Desmond Tutu, 1931~ 대주교를 만난 것이었다. 그는 쾌활하고 존재 자체가 주변에 행복을 전파하는 그런 분이었다. 뉴욕에서는 쿠엔틴 크리스프Quentin Crisp, 1908~1999를 만나기도 했다. 나와 만나고 나서 일주일 뒤 그는 세상을 떠났다.

나는 로어 이스트 사이드의 바우어리 바에서 크랩 케이크를 먹고 위스키를 마시며 두 시간 동안 그에게 행복의 비밀에 대한 이야기를 들었다. 그때 나는 90세의 노인이 어쩌면 그렇게도 솜씨 있게 '영국의 당당한 게이'의 모습을 상징하는 헤어스타일을 직접 연출했는지 감탄을 금치 못했다. 그는 "행복은 결코 바깥에 있는 것이 아니라네. 언제나 이 속에 있지"라고 말하며, 촉촉이 젖은 눈으로 나를 바라보며 가냘픈 손을 동그랗게 오므려 심장에 갖다 대었다.

코펜하겐에서는 덴마크 여왕을 만나 여왕의 서재에서 당신의 아버지에게서 들은 훌륭한 군주가 되는 법과 행복해지는 법에 대한 이야기를 들었다. 두바이에서는 아랍에미리트연합국 부총리 겸 두바이 통치자인 셰

이크 모하메드 빈 라시드 알 막툼Sheikh Mohammed bin Raschid al Maktoum과 정부 관료들(그들은 나와 마주 보는 소파에 일렬로 앉았다)이 모두 집합한 자리에서 "확신이 들 때 시작하되 남이 의심한다고 해서 중단하지는 말라"는 그의 인생론을 들었다.

이어 집에서 좀 더 까운 더블린에서 행복의 비밀을 발견했다. 바로 박식하고 유쾌하면서 동시에 현명한 앤서니 클레어 박사Anthony Clare, 1942~2007를 만나서였다. 그는 더블린 트리니티 대학교Trinity College Dublin 임상 정신의학 교수이자 아일랜드 최초의 정신병원인 세인트 패트릭스 병원St. Patrick's Hospital의 의무 병원장을 역임했다. 또한 의학박사이며 철학대학원을 수료했고 왕립 정신의학 학회Royal College of Psychiatrists의 연구 위원이었다. 물론 대중에게는 그보다도 BBC 라디오 4의 〈정신과 의사의 침상에서In the Psychiatrist's Chair〉라는 프로그램에서 보여 준 예리한 인터뷰로 더 많이 기억된다.

클레어 박사와 나는 행복에 관한 책을 공동 집필하기

로 계획했지만, 책이 끝나기 전에 그는 유명을 달리했다. (앞으로 이 책에서 많은 죽음을 다루게 된다. 그러나 이것은 독자 여러분을 힘 빠지게 하려는 의도는 전혀 아니다. 셰익스피어가 말했듯 "생명이 있는 모든 것은 죽나니, 자연을 지나 영원으로 가는 것"이니까.) 이 책은 내가 클레어 박사로부터 배운 모든 것과 그를 만난 이후로 알게 된 모든 것을 담고 있다.

그렇다면 '나'는 과연 어떤 사람인가? 대단한 것은 없다. 유럽 모노폴리(보드게임) 챔피언이었고 영국 스크래블(보드게임) 챔피언십을 설립했다. 나는 '재미'에 관심이 많고, 놀이와 재미 추구의 중요성에 대해 천착해 왔다. 국립 놀이터 협회National Playing Fields Association(현재는 Fields in Trust로 명칭이 바뀜 – 옮긴이)의 전 회장이고 현재는 부회장직을 맡고 있다. 이 직책 덕분에 에든버러 공작Duke of Edinburgh(필립 공이라고도 하며 엘리자베스 2세 여왕의 부군 – 옮긴이)과도 만났다. (그래서 이 책에는 그의 조언도 포함되어 있다.)

놀이와 스포츠, 레크리에이션은 물론 행복에 기여한다. 오락도 마찬가지다. 나는 '가벼운' 추리물 연작도 썼다. 오스카 와일드Oscar Wilde가 말했듯이 "갑작스러운 죽음처럼 정신을 일깨우는 것은 없다". 연극 연출도 했으며, 팬터마임의 대본을 쓰고 출연도 했다. 영문학 희극의 양대 산맥을 이루는 셰익스피어 희곡 〈십이야Twelfth Night〉의 우스꽝스러운 집사 말볼리오Malvolio와 오스카 와일드가 쓴 〈진지함의 중요성The Importance of Being Earnest〉의 레이디 브랙넬Lady Bracknell 역을 맡기도 했다.

1980년대에는 영국 최초의 상업 아침 방송 채널인 TV-am에 밝은색의 우스꽝스러운 스웨터를 입고 출연하기도 했는데, 진행자들이 밝은색 옷을 입어야 시청자들도 기분이 좋아진다는 호주인 방송국 사장 브루스 가인겔Bruce Gyngell의 철학 때문이었다.

그즈음, 누군가는 이로 인해 행복했으면 하는 바람에서 셰익스피어의 생가가 있는 스트랫퍼드 어폰 에이번

Stratford-upon-Avon에 테디 베어 박물관을 설립했다. 이후 1990년대에는 하원 평의원으로서 일반 의원 법안을 제출했고, 마침내 1994년 결혼법Marriage Act이 입법되어 최초로 등록 사무소 이외의 장소에서도 민간 결혼식civil wedding(판사 입회하에 치르는 결혼식으로 종교적 성격을 띠지 않음 - 옮긴이)을 올릴 수 있게 되었다. 이 조치는 많은 이들을 행복하게 만들었음이 틀림없다. (모두가 알고 있는 것처럼, 결혼식은 거의 언제나 행복한 날이다. 그날 이후부터는 문제가 시작될지라도 말이다.)

우리 가문은 대대로 행복 사업에 종사해 왔다고 해도 과언이 아니다. 조상 중에는 1817년 영국에서 마지막으로 반역죄로 참수당한 제러마이아 브랜드리스Jeremiah Brandreth가 있다. 그는 시대를 앞서 간 진보주의자였지만 안타깝게도 당시에는 '절망적인 급진주의자'로 불렸다.

하지만 나는 내가 '희망적인 급진주의자'라고 생각한다.

나의 증조의 증조의 증조의 증조할아버지 벤자민 브랜드리스Benjamin Brandreth 박사는 1830년대에 미국으로 건너가 행복해지는 알약을 만들어 팔아 갑부가 되었다. 식물 성분으로 된 알약은 당시 만병통치약이었다. 병이 무엇이든, 브랜드리스 알약이면 모두 나았다. 브랜드리스 박사는 생을 마감할 때 백만장자의 위치에 올라섰고 뉴욕 주 상원 의원이었다. 그는 또한 대중 시장 마케팅의 선구자이기도 했다. 버밍엄 대학교의 토마스 배그스도 그를 존경할 것이다.

배그스Baggs도 자일스Gyles와 마찬가지로 영문자 다섯 글자로 된 이름이다. 이것은 내가 지어낸 이야기가 아니다. 오스카 와일드는 이름이 다섯 글자라야 세상에 길이 남는다고 했다. '오스카Oscar'와 '와일드Wilde'부터가 벌써 그런 예이고, '플라톤Plato', '예수Jesus', '점보Jumbo'도 있다. (뉴욕에서 오스카 와일드는 벤자민 브랜드리스의 친구이자 그를 존경한 서커스단 단장 P. T. 바넘P. T. Barnum으로부터 코끼리 점보

를 소개받았다. 코끼리를 만나는 오스카 와일드를 상상해 보면 정말

행복하지 않은가?)

이 책을 읽는 모든 독자들에게 감사드린다. 올해로 결혼 40주년을 맞는 나의 아내 미셸Michele에게 이 책을 바친다. 함께 걸어 온 인생, 그리고 세 명의 아이들과 여섯 명의 손주들까지, 내 삶의 모든 행복의 원천은 그녀가 안겨 준 것들이다.

이 책은 내 개인의 여정이지만 우리 모두의 인생이기도 하다. 행복의 비밀은 누구에게나 똑같다. 기억하기도 간단하다. 하지만 행동에 옮기는 것은 힘든 일이다.

끝까지 가 보아라. 우리 안의 목소리가 말했다. 안 돼, 그러면 실패할 거야. 사람들은 망설였다. 끝까지 가 보아라. 우리 안의 목소리는 다시 말했다. 안 돼, 그러면 낭떠러지에서 떨어질 거야. 사람들은 계속 머뭇거렸다. 하지만 결국 사람들은 끝까지 가 보았고… 낭떠러지로 떨어졌다… 그리고 마침내 허공을 날았다.

_셰이크 모하메드 빈 라시드 알 막툼

차례

2부 행복의 비밀을 발견하다

1부

행복을 찾아서

우리를
행복하게 하는 것들

"행복은 이탈리아 움브리아에서 아침 햇살을 받으며 와인과 치즈를 즐기는 겁니다. 와인은 그저 마실 만하고 치즈는 치즈 냄새만 나면 충분해요. 중요한 건 같이 있는 사람들이죠. 함께 있으면 기분 좋고 내가 참 괜찮은 사람이라고 느끼게 만드는 그런 사람들이 있어야 합니다."

"무엇이 당신을
행복하게 합니까?"

내 책상 위에 놓인 사전에는 '행복은 만족, 편안함 또
는 즐거움을 느끼는 흐뭇한 상태'라고 되어 있다. 스누
피Snoopy로 유명한 만화 〈피너츠Peanuts〉의 작가인 찰스 슐
츠Charles M. Schulz, 1922~2000는 "행복은 따뜻한 강아지"라
고 말했다.

영국 최초의 여성 수상 마거릿 대처Margaret Thatcher,
1925~2013의 부군 데니스 대처Denis Thatcher, 1915~2003는 행
복이란 "영국의 여름 저녁, 마개를 딴 샴페인 한 병과 마
음이 평온한 여인"이라고 표현했다.

내가 녹음한 클레어 박사의 목소리는 가볍고 경쾌한

아일랜드 억양으로 이렇게 말하고 있다.

"행복은 이탈리아 움브리아에서 아침 햇살을 받으며 와인과 치즈를 즐기는 겁니다. 와인은 그저 마실 만하고 치즈는 치즈 냄새만 나면 충분해요. 중요한 건 같이 있는 사람들이죠. 함께 있으면 기분 좋고 내가 참 괜찮은 사람이라고 느끼게 만드는 그런 사람들이 있어야 합니다."

내 기억 속에, 그리고 녹음된 테이프 속에 나의 오랜 친구들의 목소리가 있다. 그 목소리는 나를 행복하게 한다. 그리고 내 정원의 풀을 뜯는 양들도 나를 행복하게 한다.

사람마다 기준은 다를 수 있다.

그렇다면 과연 무엇이 우리를 행복하게 하는가?

무수한 연구가 이루어졌고, 나도 세계 각국을 돌며 수백 명의 사람들을 만나 나름의 연구를 했다. 나는 그저 만나는 사람들에게 '무엇이 당신을 행복하게 합니까?'라고 물어보았다. 그렇게 수집한 결과를 정리해 우리 시대의 10대 행복 요인을 다음과 같이 추려 보았다.

1;
웃음

사람들은 웃는 것을 좋아한다. 웃으면 기쁘고 행복해진다.

재미있는 사람들은 본인은 행복하지 않을지 몰라도 남을 행복하게 해 준다. 영화 〈캐리 온Carry On〉 시리즈와 라디오 프로그램 〈라운드 더 혼Round the Horne〉, 〈비욘드 아워 켄Beyond our Ken〉에서 그 누구보다도 재미있는 이야기꾼이었고 수백만 명의 사람들을 행복하게 해 주었던 희극 배우 케네스 윌리엄스Kenneth Williams, 1926~1988는 나의 친구였다.

케네스는 사람들을 웃길 줄 알았고 그 일을 사랑했지만, 행복의 7가지 비밀을 알아내지는 못했다. 생이 끝날 때까지 그는 자신을 직업적으로도, 개인적으로도 외로운 섬으로 표현했다. 그는 술을 마시고 화를 내곤 해서 친구들도 하나둘 그를 떠났다. 그는 일에서는 최고였지만 이 부분만큼은 제어할 수가 없었다. 결국 그는 예순 둘의 나이에 약물과다로 사망했다.

케네스는 사람들의 웃음을 터지게 만드는 재주를 타고났다. 웃음은 전염된다. 게다가 기침, 재채기나 하품보다 더 빨리 퍼진다. 무엇보다 웃음은 건강에도 좋다. 웃으면 의학적으로 근육이 이완된다. 웃음은 최대 45분간 근육을 이완시킬 수 있다.

웃음은 엔도르핀 분비를 촉진한다. 우리 몸의 뇌와 뇌하수체에서 분비되는 이 호르몬은 비록 짧은 동안이나마 아편처럼 기분을 좋게 하고 고통을 잊게 만든다. 오스카 와일드와 이야기하는 동안은 치통도 잊는다지 않는가?

웃음은 또한 혈액 세포의 기능을 강화하고 혈류를 증가시킨다. 심장을 보호하고 스트레스 호르몬을 억제하며 면역 세포를 증가시켜 질병에 대한 저항력이 증가된다. 〈리더스 다이제스트Readers' Digest〉가 '웃음은 명약'이라는 코너까지 둔 걸 보면 이를 잘 알고 있었던 것 같다.

2;
친구

케네스 윌리엄스는 내가 가장 좋아하는 시 구절을 나에게 처음 알려 준 사람이다. 영국계 프랑스 시인이자 역사학자인 힐레어 벨록Hilaire Belloc, 1870~1953의 〈헌정 송가Dedicatory Ode〉 중 한 구절이다.

평안한 가정과 설레는 시작부터

알 수 없는 그 끝까지,

삶에서 힘써 얻을 것은

오직 웃음과 우정뿐이리니

케네스는 늘 내가 그에게 하는 것보다 나에게 더 잘했다. 예를 들어 〈카운트다운Countdown〉과 〈저스트 어 미니트Just a Minute〉에 처음 출연했던 것도 그 친구 덕분이었다. 죽기 얼마 전 그가 곁에 누군가 있어 주길 원했을 때 그 자리에 없었던 것이 마음 아프다. (변명을 하자면, 나는 그가 술과 담배에 절어 있고 까다롭게 구는 것을 좋아하지 않았다.)

전 세계인들에게 물어 수집하고 로테르담 소재 에라스무스 대학교Erasmus University '인간 행복의 사회적 조건'의 명예 교수 뤼트 페인호번Ruut Veenhoven, 1942~ 이 소장으로 있는 세계 행복 데이터베이스World Happiness Database와 대조해 본 증거에 따르면, 친구의 숫자만큼 행복도 커지는 것은 아니지만 대체로 사람들은 친한 친구가 있으면 더 행복하다.

로테르담을 포함해 각지에서 실시한 연구에 따르면 우정의 깊이가 중요한 것이지, 친구의 숫자가 중요한 것은 아니다.

그건 내가 보증할 수 있다. 얼마 전 나는 파리 센 강의 좌안에 있는 유명한 중고서점 셰익스피어 앤 컴퍼니Shakespeare & Co.에 갔었다. 서가를 둘러보던 중, 내 책이 눈에 띄어 아주 기분이 좋았다. 빅토리아 시대 배경의 추리소설 중 최근작이었다. 책장에서 책을 뽑아 들고

제목 페이지를 펼친 나는 '존경하고 사랑하는 나의 친구 고든에게, 자일스로부터'라고 쓰여 있는 것을 발견했다. 이 썩을 놈이 내가 5일 전에 선물한 책을!

나는 그길로 그 책을 다시 사서 내가 손수 쓴 글자 옆에 '더한 존경심을 담아'라고 써서 녀석에게 부쳤다.

그렇다. 친구는 당신을 행복하게 해 주지만, 좀 가려서 사귈 필요는 있다.

3;
음악

지금은 사람들이 말러Mahler, 모차르트Mozart, 매드니스 Madness 또는 누구든 좋아하는 사람의 음악을 듣고 기분이 좋을 때 뇌의 한가운데에서 무슨 일이 벌어지는지를 영상 진단 장비로 들여다볼 수 있는 놀라운 세상이 되었다. 연구실에서 fMRI(기능적 자기 공명 영상)로 전율이 돈는 느낌을 측정할 수 있는 것이다.

2013년 몬트리올 신경의학 연구소 및 병원Montreal Neurological Institute and Hospital이 발표한 연구에 따르면, 중격의지핵nucleus accumbens으로 알려진 뇌의 보상 중추는 사람들이 좋아하는 음악을 들었을 때 활성화되며 좋아하는 강도가 높을수록 반응 작용도 더 활발해진다. 섹스를 하거나 맛있는 음식을 먹을 때에도 이 부분이 반응한다.

또한 중격의지핵은 홀로 작용하는 것이 아니라 살아가면서 노출되는 소리와 음악에 관한 정보를 저장하는 뇌 부위인 청각 피질과 함께 작용한다는 것도 이 연구에서 밝혀졌다. 더 좋아하는 음악일수록, 즉 우리에게 더 많은 보상을 주는 음악일수록 뇌의 두 영역 간 상호 교류는 더 활발해진다.

뇌, 음악과 소리 연구를 위한 국제 연구소International Laboratory for Brain, Music and Sound Research의 공동 소장인 로버트 자토르Robert Zatorre 박사는 "독립적으로 존재할 때는 특별한 가치가 없는 소리들이 시간의 흐름에 따라 패턴을 가지고 배열된 음악으로 탄생하면 보상 작용을 하는 것은 흥미롭다"라고 말했다.

처음 듣는 음악이라도 우리 뇌에서 과거 행복했던 경험을 되살린다면 우리를 특히 행복하게 해 준다.

음악은 우리를 행복하게 할 수 있고, 기분이 좋으면 샤워나 일을 하면서 휘파람을 부는 것처럼 종종 행복감은 음악으로 표현된다. 노래하는 사람 중에서도 특히 합창단은 가장 행복하고 건강하다. 스웨덴 예테보리 대학교University of Gothenburg에서 실시한 2013년 연구에 따르면 합창단에서 노래하는 것은 요가의 호흡법만큼이나 심장에 좋다고 한다.

4;
춤

여러 생물학적 시스템들이 우리의 느낌과 연관되어

있다. 여기에서 (학생 시절 화학, 물리, 생물 점수는 모두 바닥이었던 내가 굳이) 장황한 과학적 지식을 늘어놓고 싶은 생각은 없지만 '내인성 오피오이드endogenous opioid'라는 신경 전달물질에 관한 이야기는 짚고 넘어가야겠다. 이것은 우리 몸에서 자체적으로 분비되는 마약과 같은 물질로 때때로 우리가 하는 활동에 자극을 받아 분비되기도 한다. 자전거 타기가 좋은 예다. 몰래 하는 키스와 춤도 빠질 수 없다.

춤을 추면 '황홀경'에 빠질 수 있고, 춤추면서 듣는 음악은 앞에서 보았듯이 우리를 행복하게 한다. 혼자 춤추는 것도 행복하지만 파트너가 누구냐에 따라 함께 춤추는 것도 행복하다.

아주 잠깐 동안이지만 아내와 볼룸 댄스 수업을 들은 적이 있었다. 정말 즐거웠지만 강사는 우리 부부에게 두 손 두 발 다 들었다. 불타는 내 열정에도 불구하고 몇 주가 지나도록 개선의 여지가 전혀 보이지 않았기 때문이었다. 나는 춤추는 것 자체가 좋았다. 아내와 한 시간을

즐겁게 보내고 근처 인도 음식점에 가서 저녁을 먹는 것
도 즐거웠다.

유명인과 프로 댄서가 짝을 지어 댄스 경연을 펼치는
프로그램인 〈스트릭틀리 컴 댄싱Strictly Come Dancing〉 측에
서 섭외도 두어 번 들어왔지만, 리듬감이라고는 전혀 없
는 나이기에 정중하게 거절했다. 운동을 하는 것은 몸에
좋지만 경연에서 초반 탈락해 창피를 당하면 오히려 사
기가 떨어질 것이 뻔했기 때문이었다.

내 친구 앤 위드콤Ann Widdecombe은 성격에도 잘 맞아서
프로가 진행되는 내내 매우 즐거워했다. 그녀는 (댄서는
아니지만, 스타 기질이 다분했다. 아마 대니 드 비토Danny DeVito와
마거릿 러더퍼드Margaret Rutherford의 중간쯤 된다고 보면 되는데)
정말로 그 프로그램 출연을 즐겼다.

'카르페 디엠Carpe diem('오늘을 잡아라'라는 뜻의 라틴어-옮
긴이)'이 그녀의 인생철학이다. 그녀는 현재에 충실해 매
순간 최대한 즐기는 법을 알았고, 무대 위에서 춤을 출
때 인생의 모든 근심과 걱정이 사라졌다.

엔터테이너이자 점성가인 내 친구 러셀 그랜트Russell
Grant도 그 프로그램에 출연한 뒤 인생이 바뀌었다. 그는
한때 우울증을 겪으며 170킬로그램이 넘는 거구가 되었
지만 지금은 100킬로그램 정도로 감량에 성공했다. 30년
동안 그를 만났지만 지금이 가장 행복한 것 같다. 그의
표현을 빌리자면 무대 위에서 '천국'을 찾았다고 한다.

5;
섹스

앤 위드콤도 그렇게 말하겠지만, 행복해지기 위해 섹
스가 필수는 아니다. 그저 내가 조사차 만나 본 거의 모
든 사람들이 10대 행복 요인에 섹스를 꼽았다는 말일 뿐
이다. '사랑'과 '연애', 그리고 '결혼', '약혼자', '파트너'
등의 비슷한 변형들은 상위 30위에는 있지만 10위권 진
입에는 실패했다.

물론 섹스는 건강에도 좋고, 여성보다는 남성에게 조금 더 좋다. 최근 연구에 따르면 일주일에 두 번 이상 섹스를 하는 남성은 한 달에 한 번 이하로 섹스를 하는 남성보다 심장마비에 걸릴 확률이 낮다고 한다.

섹스는 심혈관을 튼튼하게 하고 수명을 연장시킨다. 오르가슴을 느끼는 순간 몸에서는 디하이드로에피안드로스테론dehydroepiandrosterone이라는 호르몬이 분비되는데, 이것은 면역력 증강, 조직 재생 및 피부 탄력 개선의 역할을 한다. 그래서 일주일에 최소한 두 번의 오르가슴을 느끼는 남성은 몇 주에 한 번 섹스를 하는 남성보다 오래 산다.

게다가 정기적인 섹스를 하면 면역력을 높이는 항체인 면역 글로불린 A가 생성되어 감기도 잘 걸리지 않는다. 섹스를 하고 나면 숙면을 취할 수 있어 몸도 더 가벼워진다. 30분의 섹스로 평균 80칼로리가 소모된다.

'지금은 머리가 아파서 안 돼'는 보통 섹스를 피하려고 둘러대는 대표적인 핑계지만, 흥미롭게도 섹스를 하는 것이 오히려 두통을 낮게 한다. 섹스는 천연 진통제와 같다. 오르가슴을 느끼기 직전, 통증을 적극적으로 완화해 주는 옥시토신oxytocin 호르몬의 분비가 다섯 배로 급증한다.

비록 섹스가 행복의 필수 조건은 아닐지라도(행복의 7가지 비밀에서는 제외되었다) 정기적으로 섹스를 한다면 건강과 함께 행복 지수도 분명 높아질 것이다.

섹스의 횟수와 만족감도 중요한 요소지만, 개인의 성생활 만족도는 주변 사람들과의 비교와 직접적으로 연관되어 있다. 자신이 옆집보다 만족스러운 성생활을 영위하고 있다고 '생각'하면, 그 사람은 행복하다.

이 분야의 연구를 실시한 콜로라도 대학교 볼더 캠퍼스University of Colorado Boulder 사회학과의 팀 워즈워스Tim Wadsworth 부교수는 섹스의 횟수와 행복 간의 비례 관계가 꾸준히 보고되기는 했지만, 다른 사람들보다 섹스를 적게 한다고 믿는 사람들이 비슷하거나 더 많이 섹스를 한다고 생각하는 사람들보다 덜 행복하게 느낀다고 말했다.

이 모든 연구에 따르면 지속적이고 사랑하는 관계 속에서 이루어지는 섹스가 건강과 행복에 가장 좋다는 것이다. 하룻밤 관계는 내인성 오피오이드를 분비시켜 일시적 환각 효과를 줄 수는 있겠지만 지속적인 즐거움을 줄 수는 없고, 관계가 끝나면 '육욕에 눈멀어 부끄러운 줄도 모르고 영혼을 팔았네'라는 셰익스피어의 유명한 소네트 구절의 뜻을 절실히 느끼게 될 것이다.

어떤 이들에게 섹스는 행복을 주지만, 또 다른 이들에게는 정반대이기도 하다. 한창 나이였을 때(지금보다는 좀 봐 줄 만했을 때) 나는 가장 좋아하는 코미디언인 위대한 프랭키 하워드Frankie Howerd, 1917~1992와 함께 일했는데, 그에게 섹스를 제안받기도 했다.

나중에 알게 된 사실이지만, 프랭크(그는 자신을 애칭으로 불러 주길 원했다)는 기혼 남성들에게 중요 부위를 드러내곤 했었다. 맥스 바이그레이브스Max Bygraves, 밥 몽크하우스Bob Monkhouse, 그리프 라이스 존스Griff Rhys Jones 등 나외에도 수십 명이 그 노출 행각의 피해자였다. 그의 이런 행동은 본인의 후회와, 그 때문에 오랫동안 고통을 겪은 파트너 데니스Dennis에게는 비밀로 해 달라는 간청 외에는 아무 소득 없이 끝났다.

누구였더라. 프랭키 하워드는 아니고 아마 장 폴 사르트르Jean-Paul Sartre나 존 프레스코트John Prescott 같은데, 이런 말을 했다.

"인생의 길고 험한 길에서 가장 믿을 수 없는 나침반은 페니스다."

6;
햇빛과 새소리

행복의 요인 목록에 새소리가 이렇게 높은 순위를 차지한 것을 보고 사실 약간 놀랐다. 아니 어쩌면 당연한지도 모르겠다.

새소리는 하루의 시작과 봄을 알리는 소리이기 때문이다. 수컷 철새들은 암컷보다 1~2주 먼저 터전에 도착한다. 자신들의 구역을 정비하고 새벽 동이 트기가 무섭게 지저귄다. 이는 자신의 영역을 주장하고, 동시에 지나가는 암컷을 유혹하기 위해서다. 우리 인간들은 하루가 시작되는 것을 좋아한다. 그것은 희망을 상징하기 때문이다. 빅토르 위고Victor Hugo가 《레미제라블Les Misérables》에서 말했듯 "밤이 아무리 깊어도 새벽은 온다".

봄, 만개한 수선화, 블루벨 숲과 새끼 양도 행복의 요인 50위권에 진입했다. 봄은 만물이 소생하는 계절이고 새로움과 희망의 계절이다. 사람들은 이런 것을 좋아한다. 낙관주의는 우리에게 중요하다.

특히 영국에서는 무엇이 사람들을 불행하게 하는가에 대한 설문 조사에 '날씨'가 빠지지 않고 등장한다. 그래서 따뜻하고 밝은 햇살은 건강하고 긍정적인 이미지 그 자체인 것이다. 인류 역사상 최초의 신도 태양신이다.

데즈먼드 투투 대주교를 만나러 케이프타운에 갔을 때, 그는 나를 자택의 후원으로 데려가 꽃의 향기를 맡고 테이블 산(케이프타운의 명소인 산으로 봉우리가 탁자처럼 평평함-옮긴이) 너머로 지는 태양을 보여 주었다. 그때 우리는 천국에 대해 이야기했다.

"천국에 럼과 콜라가 있을까요?"

내 질문에 그가 곰곰이 생각하기 시작했다.

"너무 세속적인 즐거움이기는 한데, 있었으면 좋겠습니다. 해 질 녘 한잔은 뭐 어떻겠어요? 물론 거기서는 해가 질 일이 없겠지만요."

내 말에 그는 웃기 시작했다.

"저런, 저런. 천국에 가면 익숙해지는 데 시간이 좀 걸리겠는걸."

우리는 넬슨 만델라Nelson Mandela, 1918~2013 전 대통령에 대해서도 이야기를 나누었다. 1994년 5월 9일 케이프타운의 시청 발코니에서 투투 대주교가 새로운 남아프리카공화국 시대를 열면서 열광하는 군중들 앞에 자유선거로 뽑힌 최초의 대통령을 자랑스럽게 소개했던 일화는 유명하다.

"오늘은 해방의 날이며 축하의 날입니다. 우리는 문화와 언어와 인종이 모두 다르지만 이제 하나의 나라가 되었습니다. 우리는 하나님의 '무지개 국민'입니다. 이에 벅찬 가슴으로 새로운 대통령, 넬슨 만델라 대통령을 소개합니다!"

"그날은 정말 햇살이 강렬했지."

투투 대주교는 낄낄대며 말했다. 그리고 진지하게 덧붙였다.

"햇살은 옥중의 만델라에게는 정말 중요했지. 정말로."

만델라가 그 오랜 세월을 수감되어 있었던 로벤 섬의 교도소에 다녀온 뒤, 나는 그의 자서전을 샀고 이 문구를 발견했다.

'나는 근본적으로 낙관주의자이다. 타고난 것인지 아니면 교육된 것인지는 모르겠다. 낙관주의자는 항상 태양을 바라보며 앞으로 나아간다. 인류에 대한 나의 믿음이 혹독한 시험을 거치던 어두운 순간들이 많았지만, 나는 절망에 결코 굴복하지 않았고 그럴 수도 없었다. 그랬다면 나는 패배하고 죽음에 이르렀을 것이다.'

7;
아이들

나는 아이들이 기본적으로 새들의 지저귐이나 햇살과 같다고 생각한다. 아이들은 희망이다. 아기 사진을 본 사람들은 대부분 미소를 짓는데, 이것은 자연스러운 반응이다.

천진난만하고 싱그러운 아이들(대체적으로 그렇다)은 우리를 행복하게 한다. 우리도 한때 그런 시절이 있었다. 아이들을 보면 희망을 느끼고 보호해 주고 싶은 마음이 들며, 우리 자신의 어린 시절이 떠오르기도 한다. 향수는 강력한 정서이며 대부분 좋은 감정이다.

나는 노벨상 수상자이자 우리 시대의 가장 존경받는 인물로 손꼽히는 데즈먼드 투투 대주교를 만나 이렇게 물었다.

"대주교님 인생 최고의 순간은 언제셨습니까?"

나의 질문에 투투 대주교는 한 치의 망설임도 없었다.

"가장 멋진 순간은 1956년 4월 14일 큰아들 트레버 Trevor가 태어나던 날, 내가 처음으로 한 아이의 아버지가 되던 때였네. 나는 너무나 뿌듯하고 행복했었지. 마치 내가 신이라도 된 기분이었네."

그는 잠시 말을 멈추더니 천천히 다음과 같이 덧붙였다. (나와의 대화에서 그가 망설인 것은 그때가 유일했다.)

"그리고 나중에 트레버가 자라면서 엇나가고 고통과 괴로움을 안겨 주었을 때, 나는 하나님께서 당신의 자식들이 잘못된 선택을 하는 것을 지켜보면서 느꼈을 무력감을 느꼈네. 가끔은 아버지로서의 나의 인생에서 마치 우리 인간들을 바라보며 하나님이 느꼈을 그런 마음을 가졌다네. '내가 왜 저런 존재를 만들었을까?' 하고 말이네."

거실, 주방, 서재 등 대주교의 집 곳곳마다 즐비한 트로피며 메달, 자격증과 상장 옆에는 수십 개의 가족사진 액자들이 있었다.

"아드님은 지금 뭐 하세요?"

나는 그에게 물었다.

"무슨 컨설턴트라네."

그는 말했다.

"정말 재능이 많고 매력적인 아이일세. 술을 마시지 않을 때는 말이지. 하지만 술만 마시면 자신을 파괴하거나 파괴하려 든다네. 경찰에도 몇 번 잡혀갔고… 자식은 마음대로 안 돼."

그는 나를 바라보며 눈물을 훔쳤다.

내가 런던에서 엘튼 존Elton John을 처음 만난 것은 순전히 우연이었다. 한두 해 전이던가 12월에, 사진작가이자 한때 여왕의 여동생인 마거릿 공주Princess Margaret의 남편이었던 나의 친구 스노든 백작Earl of Snowdon의 초대로 켄 징턴에 있는 레스토랑에 점심 식사를 하러 갔다. 그런데 레스토랑 매니저가 우리를 들어가지 못하게 했다.

"난 여기 단골이오."

스노든 경이 항의했다.

"지금 단체 행사가 예약돼 있어서, 죄송합니다"라고 매니저는 정중하게 말했다.

그러나 아무도 토니 스노든을 말릴 수 없다. 백작의 지위로 매니저를 제압하고 레스토랑에 들어선 우리는 그것이 가수 엘튼 존이 스태프들을 위해 마련한 크리스 마스 파티라는 것을 알게 되었다. 불쑥 뛰어든 불청객임 에도 불구하고 엘튼 존은 너무도 우아하게 우리를 환영 하면서 비스킷과 파티 모자를 주고 자신의 헬리콥터 조 종사, 주방장, 요리사, 정원사, 경리, 회계 옆에 자리를 마련해 주었다. 생뚱맞은 만남이긴 했지만, 그날 일을 계기로 엘튼 존을 알게 되었다.

이후 그는 자신의 아이들을 통해 놀라운 행복을 발견

했다. 엘튼 존과 그의 파트너 데이비드 퍼니시David Furnish
는 두 명의 아이 재커리Zachary와 엘리야Elijah를 (대리모를
통해) 얻었다. 그는 "나는 아이들을 무엇보다 사랑합니
다. 아이들은 내 인생을 완전히 바꿔 놓았죠. 인생에서
이보다 더 큰 행복은 느껴 본 적이 없습니다"라고 말했
다. 학부모가 되자 그는 투어 일정을 축소해 학교가 파
하고 집에 돌아오는 아이들을 기다렸다가 반기곤 했다.

"아이가 생기면 인생이 바뀝니다. 저는 세상에서 아이
들보다 더 소중한 것이 없어요."

이 점에 대해서는 나도 그와 전적으로 동감이다. 내
아이들과 손주들은 내 자부심과 즐거움, 행복의 마르지
않는 샘과 같다.

그러나 엘튼 존과 나의 경험이 누구에게나 적용되는
것은 아니다. 로테르담 소재 세계 행복 데이터베이스의
2만 명 이상의 사용자가 제공한 증거에 따르면, 행복 수
준은 아이가 생기면서 낮아졌다가 아이들이 성장해서
독립하면 다시 높아진다고 한다. 아이들은 즐거움의 원

천이지만 아이를 키우는 것은 비용과 체력을 요하는 만만치 않은 일이다. 아이가 생기면 이후의 인생은 참으로 고단하다.

8;
가족

미국의 시인 로버트 프로스트Robert Frost, 1874~1963는 가정을 아래와 같이 정의했다.

가정은 언제, 어디서나 나를 반겨 주는 곳이다.

투투 대주교는 가정의 역할에 대해 이렇게 정의했다.

"나는 남들이 좋아하긴 힘든 사람이오. 그러면서 남들의 관심과 사랑을 받길 원하지. 세상의 주목을 받았고 그것을 자랑하는 죄를 지었소. 다행히 아내 레아가 있어서 가끔 도를 지나쳐 건방을 떨지 않도록 잡아 준다네. 아내에게 나는 노벨상을 수상한 대주교가 아니라 그냥 정원을 좋아하지만 가꾸지는 않아 잔소리를 듣는 남편에 불과하네. 가족은 수호천사가 하는 일을 대신 해 주는 존재이지. 자만하지 않도록, 자신이 그저 평범한 존재임을 깨우쳐 주니까 말일세. '흙에서 태어나 흙으로 돌아간다'고 말이야."

가족끼리는 모르는 것이 없다. 또 한 명의 미국 시인은 '익숙한 관계가 주는 편안함'으로 가족의 역할을 말하기도 했다. 내가 행복의 요인을 조사할 때 대답을 해 준 사람들 중 특히 노년층은 '가족과 연락하는 것'을 꼽았다.

가장 유명한 영국의 가족은 아마 왕실 가족일 것이다. 물론 평균적인 가정은 아니지만—마거릿 공주는 친구(로렌스 올리비에Laurence Olivier의 아내인 여배우 조안 플로라이트 Joan Plowright)가 자신의 아들(리처드 올리비에Richard Olivier)이 처음 말('다다')을 했다고 하자 이에 자신의 아들(데이비드

David, 린리 자작Viscount Linley)도 처음 말문을 텄다고 했다.
뭐라고 했느냐고 플로라이트가 묻자 공주는 자랑스럽게
'샹들리에'라고 대답했다—그들도 가족이다. 여왕은 가
족이 보고 싶어도 당신이 여왕인지라 불쑥 자녀들과 손
자들을 찾아가기가 쉽지 않다. 그래서 내가 들은 바에
의하면 여왕은 전화 통화를 매우 오래 한다고 한다.

부군 필립 공은 내게 여왕이 얼마나 오랫동안 전화기
를 붙들고 있는지 "그저 놀라울 따름"이라고 말한 적이
있다. (최근 수치에 따르면 여왕의 전화 요금은 연간 20만 파운드
가 넘는다고 한다. 여왕이 전화기로 수다만 떨어서 나올 금액은 아니
지 않은가?)

전화 통화를 하는 것은 확립된 왕실 전통의 하나다.
여왕은 분명 여동생과 어머니가 살아 계셨을 때 전화로
거의 매일 이야기를 나누었을 것이다. 여왕의 조부이신
조지 5세King George V도 미혼인 여동생과 매일 통화를 했
다. 한번은 빅토리아 공주Princess Victoria가 버킹엄 궁전의
왕에게 전화를 걸어 대뜸 "안녕, 영감탱이"라고 하자 교

환원이 이렇게 대답했다고 한다.

"공주님, 죄송합니다. 폐하께서는 아직 전화가 연결되지 않았습니다."

9;
술과 마약

나는 술을 마시지 않는다. 10년이 넘게 단 한 방울도 입에 대지 않았다. 처음에는 살을 빼려고 술을 끊었다. 의원직에 있을 때 나는 살이 몇 킬로그램이나 쪘다. 한 번은 목표 감량치를 달성(총 10킬로그램 감량에 넉 달이 걸렸다)한 기념으로 와인 한 잔을 입에 댄 적이 있었다. 그런데 눈앞에 불이 번쩍하는 것이 아닌가? 알코올 알레르기가 생긴 것이었다.

의사는 '어느 정도 나이가 된 남성'에게 드물지 않은 일이라고 했다. 이후로 나는 술을 마시고 싶은 마음이

싹 가셨다. 하루 일과를 끝내고 즐기던 한잔도 전혀 생각나지 않았다. 절주의 장점은 술을 끊고 나니 예전처럼 TV를 보다가 잠든 적이 한 번도 없다는 것이고, 단점은 슬슬 분위기가 무르익어 갈 무렵 자리를 털고 나와야 한다는 것이다.

하지만 이것은 내 문제가 아니라 우리 모두의 문제다. 거의 모든 연구에서 적당한 음주(특히 저녁에 마시는 레드 와인 한 잔)는 심장은 물론 행복에도 좋은 것으로 나타났다. 세계 행복 데이터베이스에 따르면, 적당히 술을 마시는 사람은 술을 아예 마시지 않는 사람보다 더 건강하다고 한다.

나는 마약에 대해서는 모른다. 해 본 적도 없다. 평생 동안 담배 한 대도 피운 적이 없다. (학생 때 자전거 보관 창고 뒤에 숨어서 할 일은 이것 말고도 많았다.)

물론 비판하려는 의도는 아니다. 다만 나는 인위적인 황홀감에 대해 조심스러울 뿐이다. 나의 특별한 막내 여동생 헤스터 브랜드리스Hester Brandreth는 젊었을 때 빠졌던 술과 약물이 아니었다면 예순의 나이에 세상을 떠나지 않았을 것이다. (나이가 들어서 동생은 알코올 중독 치료 모임Alcoholics Anonymous을 통해 새 삶과 행복을 찾았다.)

연구를 진행하면서 만난 꽤 많은 사람들이 마약과 그로 인한 쾌락과 나락을 이야기했지만, 마약은 행복의 7가지 비밀에 포함되지 않는다.

내가 〈굿바이 걸The Goodbye Girl〉, 〈조스Jaws〉, 〈미지와의 조우Close Encounters of the Third Kind〉로 유명한 할리우드 영화배우 리처드 드레이퍼스Richard Dreyfuss, 1947~ 를 만난 것은 그가 술과 마약을 끊고 난 후였다. 저녁을 함께 하면서 그는 나에게 이제는 술이 주변에 있어도 '아주 편안하다'고 했다. 다른 사람들이 마셔도 자신은 별 생각이 없다고 했다.

"하지만 이 식탁에 콜라가 있다면 얘기가 달라집니다. 제가 콜라를 못 마시게 하려면 장정 여섯이 달려들어 질질 끌고 나가야 할 겁니다. 콜라는 도저히 못 참습니다.

맛이 '환상'이에요."

콜라 좋아하는 독자여, 조심할지어다.

10;
음식, 특히 초콜릿

당연히 음식은 우리를 행복하게 한다. 음식은 생명이다. 좋은 음식은 맛도 있으려니와 몸에도 좋다. 그리고 좋은 사람들과 좋은 분위기에서 함께 먹는 좋은 음식은 그 자체로 '행복의 시나리오'다.

아내와 나는 리치몬드 공원에 자동차를 세워 놓고 차 안에 나란히 앉아 조깅하는 사람들과 사슴들이 지나가는 풍경을 바라보며 훈제 연어와 크림치즈 샌드위치를 먹는 것을 무척 좋아한다. 앞서 본 것처럼 클레어 박사는 움브리아의 언덕에서 친구들과 함께 앉아 와인과 치즈를 먹는 것을 좋아했고, 토니 스노든은 친밀한 사람들과의 저녁 식사를 즐겼다. 친구들과 함께 하는 행복한 식사에 대한 스노든의 규칙은 단순하다. '식탁은 너무 작지 않고, 천정은 너무 낮지 않으면' 된다.

메이 웨스트Mae West는 "좋은 것은 많을수록 좋다"고 말하곤 했다. 그러나 안타깝게도 그녀는 틀렸다. 음식은 너무 먹으면 살이 찐다. 과체중인 사람들은 행복하지 않고 비만은 건강에 해롭다. 적당히 살집 있는 사람들이 너무 마른 사람들보다는 행복하다. 결론부터 말하면, 캐나다의 공중 보건 연구소Population Health Research Institute가 실시한 21개 국가의 1만 7,200개 DNA 샘플 조사에서 비만 유전자로 알려진 FTO 유전자가 우울증 위험을 8퍼센트 감소시키는 것으로 나타났다.

내가 사람들에게 우리를 행복하게 하는 것이 무엇인지 물었을 때, 많은 이들이 음식을 들었다. 흔한 아이스크림, 파스타부터 특이하게 바닷가재, 마요네즈, 베이컨 샌드위치, 쿠키 앤 크림 아이스크림까지 종류도 다양했다. 하지만 압도적인 다수의 지지를 받은 음식은 초콜릿이었다.

철학자이자 만화가인 찰스 슐츠는 "우리에게 필요한 것은 사랑뿐이다. 하지만 가끔 약간의 초콜릿을 먹는 것도 나쁘지 않다"라고 콕 집어 말했다.

초콜릿이 우리를 행복하게 해 주는 이유는 매우 많다. 다크 초콜릿은 몸에 좋다. 물론 적당히 먹었을 때이기는 하지만 말이다. 다크 초콜릿에 포함된 카카오 속에는 플라보노이드라는 항산화 물질이 들어 있어 혈압을 낮춰 주고 심장을 튼튼하게 해 주며 암을 예방하는 것으로 알려져 있다. 더 정확하게 말하면, 초콜릿에는 뇌가 행복감을 유발하는 신경전달물질인 세로토닌serotonin을 생산하기 위해 사용하는 아미노산인 트립토판tryptophan이 약간 포함되어 있다.

초콜릿에는 뇌 속에 자연적으로 존재하는 도파민dopamine과 만나면 항우울제 작용을 하는 페닐에틸아민phenylethylamine과, 진한 커피를 마셨을 때 느끼는 강한 각성 작용과 비슷한 '황홀감'을 만들어 내는 테오브로민

theobromine도 함유되어 있다. (샌디에이고의 신경과학 연구소 Neurosciences Institute에 따르면 초콜릿에는 우리 뇌에서 마리화나와 같은 작용을 하는 물질이 포함되어 있다고 한다. 물론 그 강도는 약하다. 마리화나를 한 번 피운 효과를 보려면 초콜릿을 10킬로그램은 먹어야 할 것이다.)

초콜릿의 페닐에틸아민은 처음 사랑에 빠질 때의 설렘과 짜릿함을 느끼게 한다. 여자들이 '밀크 트레이Milk Tray(영국의 캐드버리 제과가 1915년 출시해 히트 상품이 된 초콜릿으로, "여자는 밀크 트레이를 좋아해The Lady loves Milk Tray"라는 광고 문구로 유명하다-옮긴이)'에 열광하는 데에는 다 이유가 있다.

영국에서 가장 행복한 사람

버밍엄 대학교에서 행복학 특강을 했을 때 나를 소개

해 준 총장 도미니크 캐드버리 경Sir Dominic Cadbury의 선조 존 캐드버리John Cadbury는 1824년 버밍엄의 불 스트리트에 캐드버리 제과를 세운 창업주다. 2013년 캐드버리 제과는 영국 국민 2,000명을 대상으로 자체 행복 조사를 실시해 가장 행복한 사람은 스티브Steve라는 에든버러Edinburgh 출신의 60대 기혼 남자 교사라는 결론을 내렸다. 그리고 그는 안경을 쓰고 있었다.

캐드버리의 조사에서는 다음 사실도 발견되었다.

- 영국에서 가장 행복한 사람들은 에든버러, 카디프Cardiff, 사우샘프턴Southampton에 살고, 가장 행복하지 못한 사람들은 리버풀Liverpool, 뉴캐슬Newcastle, 노리치Norwich에 산다.
- 영국에서 가장 행복한 여성의 이름은 웬디Wendy, 레슬리Lesley, 샌드라Sandra, 앤Anne, 메리Mary이고, 행복하지 못한 여성의 이름은 티나Tina, 레베카Rebecca, 앨리슨Alison, 캐럴라인Caroline, 에마Emma이다.

• 가장 행복한 남성의 이름은 스티브, 노먼Norman, 톰Tom, 앨런Alan, 켄Ken이고, 행복하지 못한 남성의 이름은 게리Gary, 크리스Chris, 마이크Mike, 마크Mark, 이안Ian이다.

캐드버리 조사에 따르면 남성은 여성보다 약간 더 행복하고, 푸른 눈에 금발이고 안경을 쓰면 삶에 더 만족한다고 한다. 게다가 70대가 보통 20대보다 더 행복하다고 한다.

마지막 조사 결과는 내 경험과도 일치한다. 전반적으로 나는 나이 들어가면서 온몸이 아프고 한밤중에 화장실을 들락거리느라 잠을 설치고 부모님의 외모(가장 좋았던 모습이 아니라 늙으신 모습)는 물론이고 말과 행동까지 닮아 가는 것은 싫지만, 다른 한편으로는 나이 들어 가는 기분도 꽤 괜찮은 게 놀랍다. 전화벨이 울려도 어차피 내 전화가 아니니 받을 필요가 없어서 좋다.

흥미롭게도 나는 죽음까지도 쉬이 받아들인다. 이제 아이들도 장성했고 주택 대출 자금도 다 갚았으니 이승

에서 내가 할 도리는 다 끝냈다. 살아가느라 전전긍긍할 필요가 없다는 것은 다소 편안한 느낌이다. 죽음에 집착하지는 않지만, (젊었을 때처럼) 두렵지도 않다. 그것은 이제 내 주변에 부모님은 물론 형제자매와 친구, 첫사랑까지 이승을 떠난 사람이 많은데, 그들 모두 (불의의 사고로 유명을 달리한 사람들은 제외하고) 놀라우리만큼 침착하고 우아하게 죽음을 맞이했기 때문이다. 내 경험상, 실제 위기 상황에서 대부분의 사람들은 매우 훌륭하게 대처한다.

최근에 나는 영국 장의 협회상British Funeral Directors' Awards(제1회 수상의 영예는 독창적 아이디어를 낸 사람에게 돌아갔다)을 주최했다. 리허설이 끝난 후 나는 전시된 관에 몸 크기를 한번 맞춰 봐도 되느냐고 물어보았다. 그것은 정말로 행복한 경험이었다.

실크로 안감을 댄 관 속에 누운 나는 놀라우리만큼 편안하고 아늑하며 평온한 느낌마저 들었고 뚜껑이 닫힐 때도 전혀 동요하지 않았다. 유럽연합에서는 이제 모든 관의 뚜껑이 닫혀도 공기구멍을 통해 공기가 통하도록 의무화하고 있다. 그러니 혹여 실수로 생매장되더라도 관이 불 속에 들어가기 전까지는 숨을 쉴 수 있을 것이다.

땅에서 천국을
꿈꾸는 사람들

"이제 우리는 모두, 에어컨 빵빵한 자가용 있겠다, 집 있겠다, 1년에 휴가도 몇 번씩 즐기고 그런대로 건강도 하겠다, 행복을 기대하게 된 겁니다. 천국이 이 땅에서 이루어지기를 갈망하게 된 거죠."

행복은
관 속에?

옛날에는, 아니 근래까지도 죽음이 행복으로 가는 관문으로 여겨졌다. 내가 런던에서 자랐을 때만 해도 일주일에 몇 번씩 교회에 가곤 했다. 교회는 부모님 삶의 중심이었다. 아버지는 교구 위원으로 일요일 성경 학교 교사셨다. 세상을 떠나기 전날까지도 아버지는 매일 밤 침대 옆에 무릎을 꿇고 앉아 기도를 하셨고, 어머니는 수입이 없어진 이후에도 오랫동안 십일조를 헌금하셨다.

20세기 초반, 아버지의 할아버지는 재산(브랜드리스 알약으로 버신 재산)의 많은 부분을 북서 잉글랜드와 노스 웨일스 지역 성당 건립에 쓰셨고, 외할머니는 선교사로 나귀 등에 성경 하나 들고 올라 인도 전역을 돌아다니셨다.

런던에서 어린 시절을 보낸 나는 브롬턴의 홀리 트리니티 교회와 켄징턴의 세인트 메리 애버츠 교회에서 성가대를 했고, 존 베처먼John Betjeman, 1906~1984(영국의 시인으로 빅토리아 시대 건조물의 보존 운동으로도 알려짐-옮긴이)의 심장을 멎게 할 빅토리아 시대의 위대한 교회인 글로체스터 로드의 세인트 스티븐스 교회에서는 복사(服事, 사제의 예식 집전을 곁에서 보조하는 평신도-옮긴이)를 하기도 했다. 꼬박꼬박 미사에 참여했고(특히 세인트 스티븐스에 다닐 때) 할머니로부터 인생은 '눈물 골짜기vale of tears'라는 말을 늘 듣곤 했다.

내 할머니 세대에게 행복은 이승의 것이 아니었다. 사실 지상에서의 행복은 환상이며 함정이었다. 행복은 이승에서 착하게 살다가 죽어서 편안한 관 속에서 도달하는 상태였고, 이승이 아닌 내세의 약속이었다. 그것은 이승에서 착한 일을 많이 한 사람에게만 주어지는 내세

의 보상이었다. 천국은 마침내 행복을 발견하게 되는 곳이었다. 천국이 어떤 곳인지 지상에서 잠깐 맛볼 수는 있지만 그것뿐이다.

(독실한 가톨릭 집안 출신인) 클레어 박사와 이 문제를 이야기했을 때 그는 내게 1950년대와 1960년대는 "아일랜드의 가톨릭교회가 성에 대해 관용적인 태도를 취하기 시작한 때였으며, 일부 대담한 사제와 수녀들은 금기시되었던 성적인 황홀경이 천국의 행복을 잠깐이나마 맛보게 해 주는 것이라고 생각했다"고 말했다.

성경의 구약 시편 84장에 눈물 골짜기(또는 슬픔의 계곡 valley of misery이라고도 한다)라는 말이 나온다. 신약에서 사도 요한은 현세는 '고난과 시련'의 세상이라고 말한다. 수천 년 동안 불행과 눈물, 고난과 시련이 우리가 살아가는 세상이었고 행복은 지금까지 한 번도 제대로 거론된 적이 없었다.

물론 행복을 경험한 사람들도 있었다. 성경에도 행복

한 인물들이 등장한다. 예를 들어 선한 사마리아인과 방탕한 아들처럼 기적을 체험한 사람들이 있다. 비록 돌아온 아들을 위한 잔치용으로 잡은 살진 송아지의 마지막 말 '주인님이 오늘 나를 잡으시겠구나!'는 기록되지 않았지만 말이다(집으로 돌아온 방탕한 아들을 꾸짖지 않고 도리어 반겨 잔치를 열었던 성경 속 아버지의 이야기에서 인용-옮긴이). 초서Geoffrey Chaucer, 1342~1400(중세 영국의 시인으로 《캔터베리 이야기The Canterbury Tales》는 그의 최고 걸작으로 꼽힘-옮긴이)는 캔터베리로 여행하는 행복한 순례자의 이야기를 썼다. 셰익스피어는 비극만큼이나 희극도 많이 썼다.

그러나 10가지 역병이 돌던 이집트부터 중세의 흑사병과 산업혁명 시기의 구빈원(빈민이나 고아들을 수용하여 구호하고 일자리를 제공하는 기관-옮긴이), 그리고 아일랜드의 기근까지 사람들은 살아서는 고통만 겪다가 죽음을 맞았다.

우연에서
권리로

　행복을 뜻하는 영어 단어 'happiness'는 최소한 16세
기부터 있었지만, 처음에는 우연한 행운을 뜻하는
'happenstance'를 가리키는 말이었다. 중세 영어에서는
만약 당신이 '행복'하다면 '운이 좋은' 것, 즉 좋은 환경
에 있다는 뜻이었다. 행복은 우연이었다. 권리는 물론이
고 기대할 수 있는 것도 아니었다.

　그렇다면 언제부터 이것이 바뀌었을까?

　정확한 시점을 날짜로 말한다면 1776년 7월 4일일 것
이다. 그날은 미국의 독립선언문이 채택된 날이다. 토머
스 제퍼슨Thomas Jefferson, 1743~1826이 기초한 독립선언문
에는 이런 울림이 있는 말이 있다.

　이것은 자명한 진리이다. 만인은 평등하게 태어났으며 조물주
는 양도할 수 없는 권리를 우리에게 부여했다. 그중에는 생명과

자유, 행복의 추구가 있다.

우와! 신 난다! 행복이 헌법에 있네! 사실 헌법이나 마찬가지니까.

이제는 누구나 행복을 추구한다. 우리는 지상에서 천상을 기대한다.

물론 제퍼슨이 1776년에 말한 '행복'이 반드시 감각적인 21세기에 우리가 추구하는 '행복'은 아닐 것이다. 제퍼슨이 말한 '행복 추구'는 '불행을 받아들이는 것'과 반대되는 개념일 것이다.

제퍼슨을 포함한 건국의 아버지들은 아일랜드 태생의 철학자이자 스코틀랜드 계몽주의의 아버지로 손꼽히는 프랜시스 허치슨Francis Hutcheson, 1694~1746 목사에 대해 잘 알고 있었다. 행복 추구를 도덕적·정치적 행동 원칙으로 도입한 사람이 허치슨이었다. 그는 오랫동안 나의 영웅이었는데, 그것은 그가 유머 감각의 중요성을 강조한 최초의 철학자였기 때문이다. 허치슨은 온전한 인간은 시각, 청각, 후각, 미각, 촉각의 타고난 오감 외에도 다음의 6가지 감각을 키워야 한다고 주장했다.

- 자부심
- 미적 감각
- 우리 자신이나 타인의 선과 악을 판단할 수 있는 도덕 감각
- 명예 감각
- 유머 감각
- 타인의 행복에 함께 기뻐하고 타인의 불행에 함께 슬퍼하는 공통 감각(라틴어로 sensus communis)

누구나 불행 없는 세상을 원하지만 오늘날 우리가 말하는 행복, 그리고 지금 당장 우리가 추구하는 행복은 허치슨이나 제퍼슨이 말하는 우리의 이성 속에 내재하는 공공선과는 다르다. 그것은 조금 더 우리에게 친근한 개인적 행복이다.

개인적
행복의 추구

개인적 행복의 추구는 지그문트 프로이트Sigmund Freud, 1856~1939를 빼고 논할 수가 없다.

오스트리아의 신경과 의사이자 정신분석학의 창시자인 프로이트는 전 세계인의 관심을 내면으로 끌어들인 선구자다.

행복의 측면에서는 그러나 이 위대한 인물의 생각은 다소 비관적이었다. 그는 "행복해질 가능성은 각자의 기질에 따라 정해져 있다"고 했다.

"인간은 불행을 느끼기가 훨씬 쉽다. 우리는 3가지 방향에서 오는 고통으로 위협받는다. 인내심 없이 고통과 걱정을 경고 신호로 계속 내보내며 나빠지다가 결국은 썩어 없어질 신체, 거대하고 위협적인 파괴의 힘으로 우리를 공격하는 외부 세상, 그리고 가장 큰 고통인 다른 사람들과의 관계, 이렇게 3가지이다."

여보, 그 자살 약 좀 건네주겠소? 이거 원, 우울해서 살겠나.

프로이트는 인간의 성격을 원초아id, 자아ego, 초자아superego의 3가지로 나누었다. 가장 원초적이고 동물적인 본능인 원초아는 즉각적인 보상을 원하는데('누이를 범하고 싶다'), 이것은 도덕적·윤리적인 행동을 관장하는 초자아와 충돌한다('오빠로서 그러면 안 돼'). 반면 자아는 인지와 지각의 과정을 통해 행동을 결정하고 문제를 해결한다('어쨌든 옳은 건 아닌 것 같다').

미국으로 건너온 정신분석학과 그것을 자신들의 목적에 맞게 각색한 미국인들의 태도는 행복에 대한 현대인의 태도를 형성하는 데 중대한 역할을 했다. 좋든 싫든 우리는 이제 행복을 미국식으로 바라본다.

클레어 박사는 내게 다음과 같이 설명했다.

"프로이트는 유럽의 비관론자였어요. 자아, 원초아, 초자아의 충돌이 해결 가능한 문제라고 믿지 않았습니다. 그러나 자기완성에 대한 열정으로 불타고 지상에서 완성이 가능하다는 확고한 믿음에 찬 미국인들은 프로이트의 이론을 하나의 행복 요법으로 바꾸어 버렸어요. 그 결과 이제 우리는 모두, 에어컨 빵빵한 자가용 있겠다, 집 있겠다, 1년에 휴가도 몇 번씩 즐기고 그런대로 건강도 하겠다, 행복을 기대하게 된 겁니다. 천국이 이 땅에서 이루어지기를 갈망하게 된 거죠.

오늘날 모든 심리학 이론은 감정과 지각 및 인지, 의지와 충동 사이의 성숙한 균형을 추구합니다. 도대체 무엇을 위해서? 바로 완벽입니다. 정신적으로 완벽한 상태가 바로 행복입니다. 그리고 정신분석학자는 당신을 행복으로 데려다 줄 세속의 사제입니다."

우리가 추구하는
행복이란?

'절정의 순간'은 우리를 기쁘게 하고 잠시 일상에서 벗어나 행복을 느끼게 하겠지만 기본적으로 오래 지속되지 않는 다. 우리는 근본적이고도 지속적인 행복을 추구한다.

우리가 추구하는 행복이 어떤 것인지 한번 합의해 보자. 내 책상 위에 놓인 사전에서 행복을 '만족, 편안함 또는 즐거움을 느끼는 흐뭇한 상태'라고 정의한 것을 다시 떠올려 볼 때, 단순한 '쾌락'을 말하는 것은 아니리라.

그렇다고 뭔가 복잡한 즐거움을 논하는 것도 아니다. 《그레이의 50가지 그림자 Fifty Shades of Grey》(자극적인 성적 묘사로 여성들에게 선풍적 인기를 끈 E. L. 제임스 E. L. James의 에로티카 소설-옮긴이)에 열광하는 사람들도 있겠지만, 여기에서는 단순히 쾌감을 주는 '행복한 시간' 이상의 것을 이야기한다. 우리가 추구하는 것은 행복한 삶이다.

3D 안경 →

'절정의 순간'은 우리를 흥분과 만족감에 떨게 하고 즐거움과 기쁨을 선사하지만 금세 꺼지는 물거품이다. 우리를 기쁘게 하고 잠시 일상에서 벗어나 행복을 느끼게 하겠지만 기본적으로 오래 지속되지 않는다. 우리는 근본적이고도 지속적인 행복을 추구한다.

우리는 안녕을 추구한다. 그것은 평온함(이 단어는 마치 속세를 초월해 무표정하고 무관심한 것처럼 들린다)이 아니라 균형과 조화가 있는 완전함이며, 불편함과 불만족의 반대인 편안함과 만족감이다. 만물이 제자리에 있는 느낌, 즉 나의 안팎이 모두 옳고 좋은 느낌이다.

나는 행복의 핵심은 존재의 적절함rightness of being을 의식적으로 인지하는 것이라고 생각한다.

7 Secrets of Happiness

행복은
어디에서 오는가

종교적 신념이 꼭 행복의 전제 조건은 아니지만 어떤 식으로든 삶의 철학은 꼭 필요하다. 철학은 우리 존재에 의미와 일관성을 부여한다. 또한 거기에 외적 요소를 포함시키는 것은 좋은 일이다. 불가능한 일은 아니지만, 자신의 내면에 빠진 사람들은 전적으로 행복해지기 어렵다.

행복을 만드는
기본 요소

인생 최대의 목표는 행복의 추구이다.

_14대 달라이 라마

세상을 떠나기 바로 전 해인 1960년, 스위스의 심리 치료사이자 분석심리학의 창시자 칼 융Carl Jung, 1875~1961 은 인간을 행복하게 만드는 기본 요소들이 무엇인지 질문받았다. 일생 동안 사람들을 만나고 분석하고 이해하려 노력해 온 경험에 기초해 그는 다음 목록을 내놓았다.

1. 신체적, 정신적 건강

2. 결혼, 가족, 우정 등 사적이고 친밀한 인간관계

3. 예술과 자연의 아름다움을 인식하는 능력

4. 적정한 생활 수준과 만족스러운 일

5. 인생 역경을 극복하게 해 주는 철학적 또는 종교적 세계관

달라이 라마는 "특정한 신념이나 종교가 있다면 좋다. 하지만 그런 것 없이도 살아갈 수 있다"라고 했다.

내가 만난 행복한 사람들은 대부분 불교, 바하이교, 시크교, 이슬람교부터 제칠일 안식일 예수재림교와 지루한 성공회까지 그들을 지탱하는 믿음이 있었다.

가장 대표적인 예로 영국 성공회의 수장인 여왕을 들 수 있다. 여왕의 의무를 이행하고 소박한 신앙을 따르는 여든일곱의 여왕은 매우 행복해 보인다. 교황청의 구마사제인 여든여덟의 가브리엘레 아모르트Gabriele Amorth, 1925~ 도 여왕 못지않게 신앙과 자신의 일 속에서 행복하다.

"저는 매일 악마와 이야기를 나눕니다"라고 그는 내게

가고일gargoyle(지붕 처마에 고인 물을 내보내는 괴물 모양의 홈통 주둥이-옮긴이)처럼 씩 웃으며 말했다.

"나는 악마에게 라틴어로 말을 하고, 그러면 악마는 이탈리아어로 대답합니다. 몇 년을 매일 악마와 씨름하는데 몸은 정말 힘들지만 즐겁습니다."

삶의 철학은
필요하다

융에 따르면 종교적 신념이 행복의 전제 조건은 아니지만 어떤 식으로든 삶의 철학은 꼭 필요하다. 철학은 우리 존재에 의미와 일관성을 부여한다. 또한 거기에 외적 요소를 포함시키는 것은 좋은 일이다. 그것은 정치적 신념이 될 수도 있고, 남태평양의 미지의 섬나라 바누아투의 주민들이라면 그들이 신봉하는 에든버러 공작이 될 수도 있을 것이다. 불가능한 일은 아니지만, 자신의 내면에 빠진 사람들은 전적으로 행복해지기 어렵다. 융이 말했듯이 우리에게는 외적인 자원이 필요하다.

그래서 융도 교육의 중요성을 강조했던 것이다. 그가 말한 교육은 좁은 의미의 학문적 교육이 아니라 '앎에 대한 열린 자세'다.

최초의 자기 계발서의 제목은 《자조론Self-Help》이다. 스코틀랜드 이스트 로디언 출신의 저자 새뮤얼 스마일스는 자기 계발의 비결은 자기 교육이라고 보았다. 그는 1845년 연설에서 자신의 철학을 최초로 밝혔다.

"저는 제가 언급한, 자기 교육을 통해 가난을 벗어나 사회적 성공을 거두고 부를 성취한 사람들의 이야기 때문에 이 자리의 어느 누구도 이것이 우리의 지상 목표라고는 생각하지 않으셨으면 합니다…지식이야말로 그 자체로 최고의 즐거움을 주는 것입니다. 무지한 사람은 세상의 모든 즐거움과 감각을 알지 못한 채 무덤으로 향할 것입니다…모든 인간은 수행해야 할 위대한 임무, 계발해야 할 고귀한 재능, 그리고 성취해야 할 거대한 운명이 있습니다. 인간은 교육과 함께 신과 같은 본성이 지닌 모든 힘을 자유롭게 발휘할 수단을 부여받아야 합니다."

융과 프로이트는 심리 치료 분야의 양대 산맥이다. 이들 덕분에 이제 세상은 심리 치료사와 상담사들로 넘쳐난다.

위니콧 클리닉Winnicott Clinic 심리 치료 책임 연구 위원이자 BBC TV의 심리과학 다큐 〈슬라우 행복하게 만들기Making Slough Happy〉의 진행자이기도 한 대표적인 프로이트파 심리학자인 나의 친구 브렛 카Brett Kahr에 따르면, 프로이트는 20세기에 가장 큰 사회적 영향을 끼친 인물이다. 브렛 카는 이렇게 말한다.

"우리의 조부모 세대와 비교해 보면, 문명사회에 사는 오늘날 우리들은 우리의 정서적 삶과 어린 시절을 더 중요하게 여기고 내면의 감정에 훨씬 더 집중한다. 이것은 진보다. 상대방에 대한 관용과 공감, 상대를 배려하는 능력이 역사상 그 어느 때보다 뛰어난 시대가 현대이

고, 나는 이것이 지그문트 프로이트의 놀라운 업적이라

고 생각한다."

행복한 생활을 위한
7가지 지침

브렛 카는 프로이트가 무덤 속에 누워서조차, 현재의 정신 상태와 상관없이 행복한 삶을 살 수 있도록 우리를 돕고 있다고 한다. 물론 카는 '나만의 공간에서 방해나 억압 없이 비밀을 보장받으며 무엇이든 말할 수 있는' 프로이트 정신분석이나 심리 치료를 권한다. (이러한 과정은 영국의 경우 50분 세션에 40~400파운드 정도의 비용이 든다.)

그러나 이 책은 그만한 투자를 하기 어려운 사람들을 위한 안내서이므로, 프로이트의 가르침에 영향을 받은 브렛 카의 제안을 여기에 소개한다. 브렛 카는 더 행복하고 만족한 생활의 지침이 되는 7가지 전략을 제시하는데, '행복의 7가지 비밀'의 전주곡 정도로 여기면 좋을 듯하다.

1;
이야기하라

광범위한 연구에 따르면 이야기를 하는 사람은 입을 꾹 다물고 생각을 말하지 않는 사람보다 육체적·정신적으로 모두 건강하다.

2;
친구를 사귀어라

연구에 따르면 대부분의 남성은 새벽 2시에 불쑥 전화를 걸어도 좋은 사람(배우자나 파트너 제외)의 이름을 대어 보라고 하면 머뭇거린다. 누구나 지인은 있지만, 서로의 속 깊은 이야기를 나눌 수 있는 친구 몇 명은 꼭 필요하다.

3;
일기를 써라

자신의 감정을 글로 표현하라. 텍사스의 심리학자 제임스 페니베이커James Pennebaker는 대학생들을 대상으로 한 실험에서 피험자의 절반에게 일기를 쓰게 했다. 1년 이상 일기를 꾸준히 쓴 학생들은 병에 잘 걸리지 않고 정신적으로 더 건강한 것은 물론 시험 성적도 더 높았다.

4;
경청하라

당신이 관심을 보여 주면 상대도 당신에게 관심을 보일 것이다. 친구의 말을 경청하고 기억하라. 누군가를 두 번째 만났을 때 그 사람이 당신의 이름을 기억한다면 당신은 그 사람을 영원히 기억할 것이다. 경청과 기억의

기술을 길러라.

5;
친밀함을 키워라

심리 치료를 찾는 사람들은 사랑의 2가지 영역에서 어려움을 겪고 있다. 바로 파트너와 친밀함을 유지하는 능력(그들을 믿고 함께 있으면 편안하게 느끼는 것)과 육체적 관계를 최대한 즐기는 능력이다. 파트너와 친밀하게 이야기를 나누는 시간과 기회를 자꾸 만들어야 한다.

6;
놀이를 즐겨라

당신의 환상을 탐험하라. (가장 성공한 사람들을 포함해)

많은 사람들이 직장 생활에 회의를 느낀다. 당신의 모든 환상을 탐험하고 숨겨진 당신의 모습을 계발하라. 충동적이어서는 안 되겠지만 당신의 비밀스러운 욕구를 진지하게 추구하라. 만약 당신이 〈오텔로 otello〉를 노래하고 싶은 은행 직원이라면 당장 사직서를 낼 것이 아니라 오페라 동호회부터 가입하라.

7;
감정에 충실하라

자신의 감정을 읽는 능력을 계발하라. 감정의 소리를 듣지 않으면 몸이 소리를 낼지 모른다(편두통, 요통 등의 신체 증상). 자신의 감정을 부끄러워하지 마라. 자기 인식은 자기 연민과 다르다. 자신의 정신세계를 살피는 것은 바람직한 일이다.

안일한 낙관주의는
경계할 것

프로이트도 행복의 비밀은 '사랑과 일'이라고 말한 것으로 유명하다. 살아가면서 나는 사랑의 기회를 많이 가진 축복받은 사람이다. 내게는 아내와 자녀, 가족이 있고 친구도 있다. 풍부하고 다양한 일의 기회도 따랐다.

내가 일을 하면서 가장 행복했던 때는 여당 원내총무로 있을 때였다.

본질적으로 원내총무는 의회의 인사부와 같은 역할을 한다. 또한 의회의 사복 경찰이기도 하다. 우리의 기본적 업무는 소속 의원들이 로비 유혹에 굴하지 않고 올바른 정책에 투표하도록 하는 것이다. (원내총무를 '채찍whip'이라고 부르는 것은 사냥터에서 사냥개를 채찍으로 모는 데에서 유래했다.) 그러려면 원내총무는 우리의 책임, 그리고 의원들의 희망과 야망을 이해해야 한다.

원내총무마다 약 스물다섯에서 서른 명의 의원을 담

당하게 된다. 소속 의원들이 '옳은 일을 하도록' 만들고 필요할 때 적절한 압력을 행사할 수 있으려면 (그리고 필요 없을 때는 압력 행사를 하지 않으려면) 의원들의 강점과 약점은 물론 비밀까지 알 필요가 있다.

나는 의원 한 명을 파산에서 구한 적이 있고 최소한 세 명은 스캔들에 휘말리지 않도록 구해 주었다. 그들은 내 덕을 톡톡히 보았다. 나는 더 좋은 사무실을 제공하고 위원회에서 원하는 자리를 내어 주었으며 왕실 가든파티 초청장도 주었고 수상과 차 마시는 자리도 마련했다. 태양이 눈부신 서인도 제도의 섬으로 의회 전체를 여행 보내기도 했고 승진 약속도 했다. 그들은 나에게 빚을 지고 있다.

이렇게 이들을 돕는 것이 나는 무척 즐거웠다. 당시 정부에는 여당 의원이 재적 의원 과반수보다 0~9명밖에 많지 않았기 때문에 내 일은 만만치 않았고 그만큼 더 보람 있었다. 나는 이 상황의 심각성을 인식하고 단순히 주어진 업무 이상을 했다. (내가 가장 자랑스럽게 생각하는 일

은 내가 담당한 의원 중 한 명이 사망했을 때 두 번의 장례식을 치러 줬던 것이다. 한 번은 그의 지역구에서 아내를 위해, 또 한 번은 웨스트민스터에서 그의 숨겨 둔 애인을 위해.)

사람과 정치에 관한 일이었기에 나는 내 일이 좋았다. 더 정확히는 정치보다 사람 쪽이 조금 더 좋았다. 원내 총무라는 직무가 가지는 친밀하고 내부적으로 뭉치면서도 각자 책임을 지는 독립적인 구조도 좋았다.

그러나 결국 끝이 났다.

영화 〈밀회Brief Encounter〉에서 실리어 존슨Celia Johnson은 이렇게 말했다.

"영원한 건 없어요. 행복도 절망도. 인생조차도 그다지 오래 가지 않아요."

1997년에 나는 선거에서 참패하고 의원직을 잃었다. 아내는 선거전 동안 집을 팔기를 원했다. 그녀는 미래를 내다본 것 같았다. "여보, 이제 사람들은 더 이상 당신을 원하지 않아요. 그러니 받아들이고 우리 인생을 살아요"

라고 말했다.

아내의 사전에 안일한 낙관주의 따위는 없다. 문이 닫히면 그냥 끝난 거다.

나는 인생을 심각하게 생각지 않는 것 같다. 이 세상은 태어나기도 힘들고 죽기도 힘들다. 그리고 그 사이에 있는 것은 그렇게 큰 의미가 없다. 이것이 염세주의라면 그러라지. 인생과 세월에 대한 낙관주의는 너무 많이 들어서 진부하다.

_로버트 프로스트

행복한 지식인이란 좀처럼 보기 힘들다.

_어니스트 헤밍웨이Ernest Hemingway

세상의 복잡함 뒤에는 단순함이 있다. 하나님은 선하시고 어른은 모든 질문의 대답을 알고 있으며 진실은 분명 존재한다. 정의는 정확한 시계처럼 딱 떨어지고 틀림없다. 우리의 영웅들도 단순하다. 그들은 용감하고 진실을 말한다. 그들은 훌륭한 무사이며 결국은 승리한다.

그렇기 때문에 내가 어른이 되어 읽은 책들은 어린 시절 읽은 책처럼 나를 감동시키지 못하는 것이다. 왜냐하면 동화는 누구나 규칙을 알고 있는 위대한 단순함의 세계를 약속하지만, 어른들의 책은 복잡하고 경험과 서로 모순되기 때문이다. 그것은 우리 자신의 실망스러운 기억들을 반영하고 있다.

_그레이엄 그린Graham Greene

일은 실패하고
친구는 떠났어도

죽음과 세금, 세상이 다 불만인 사춘기 이외에 인생에 확실한 것은 없다. 나는 인생이 얼마나 험난한지 안다. 그럼에도 불구하고 우리가 행복해지길 원한다는 것도 나는 안다.

우리는 고통만
겪다가 죽는다

인생은 쉽지 않다.

인생은 힘들다. 사실, 다시 한 번 말하지만 '사람들은 살아서는 고통만 겪다가 죽음을 맞는다'.

프로이트는 행복을 위해 우리에게 필요한 것은 오직 '일과 사랑'이라고 했는데, 그렇다면 그 다음엔 뭐가 있을까? 잘 알려지지는 않았지만 프로이트는 또한 행복보다 '불행이 훨씬 더 경험하기 쉽다'고 말한 바 있다.

죽음과 세금, 세상이 다 불만인 사춘기 이외에 인생에 확실한 것은 없다.

일? 직장은 쫓겨나면 그만이다.

사랑? 늘 빗나간다.

우정? 기껏 자필 서명까지 해서 선물한 책을 일주일도 안 되어 헌책방에 팔아넘기는 게 친구다. 더 나쁜 건, 진정한 친구는 먼저 세상을 떠나 버린다는 것이다.

그래도 포기할 수 없는 행복

〈행복을 찾아서〉 공연에서 나는 내 가장 친한 친구이자 배우인 사이먼 카델Simon Cadell에게 쓴 편지의 일부를 낭독한다. 그가 세상을 떠나고 나서 몇 년 뒤에 쓴 편지다. 내가 그 편지를 읽는 이유는 우정의 본질을 보여 주기 위해서다. 행복을 찾는 일은 결코 사소한 것이 아니며 심오한 것임을 강조하기 위해, 여기에 그 편지를 소개하겠다.

여러분이 들고 있는 이 작은 책은 아마 앞표지(이 책의

원서 표지를 말함-옮긴이)에 꽃 한 송이가 그려져 있고 '행복의 7가지 비밀'이라는 제목이 쓰여 있을 것이다. 그러나 내가 지금 들려주려고 하는 것은 감상적이고 쉽고 이랬다저랬다 하는 듣기 좋은 헛소리가 아니다.

나는 인생이 얼마나 험난한지 안다. (친구들은 먼저 가 버리고 말이다.) 그럼에도 불구하고 우리가 행복해지길 원한다는 것도 나는 안다.

내 친구 사이먼에게

잘 지내지? 이 무슨 어리석은 질문인지. 나와 다른 세상에 있는 자네에게 말이지. 그래도 나는 잘 지내는지 묻고 싶었네. 그리고 아직도 왜 이렇게 자네가 그리운지도 말이네.

많은 사람들이 자네를 기억하고 있다네. 기쁘지, 친구? 뭐, 이미 예상했겠지만 그건 자네의 무대가 훌륭해서는 아니야. 대중들이 자네를 영원히 기억하는 건

TV 시트콤 〈하이 디 하이Hi-de-Hi〉의 유원지 매니저로
서라네. 그만하길 다행이지. 존 길구드John Gielgud 경
은 느지막이 영화 〈아서Arthur〉로 아카데미 남우조연
상까지 받았지만 그가 죽은 뒤 한 타블로이드 신문에
서는 이런 머리기사를 실었더랬지. '더들리 무어Dudley
Moore(주인공 아서 역을 맡은 배우-옮긴이)의 집사 96세를
일기로 사망하다'.

아주 오랫동안 자네는 최고의 성우였기 때문에, 정
말 생각지도 못했던 곳에서 자네 목소리를 듣게 된다
네. 어느 날 아침 나는 런던 지하철의 뱅크 역을 빠져
나오고 있었지. 그런데 갑자기 지하철 방송에서 자네
의 목소리를 들었지 뭔가!

"열차와 승강장 사이가 넓습니다Mind the gap."

별로 긴 대사는 아니지만 자네의 목소리는 정말 감
동적이야. 나는 역 플랫폼에 한참을 서서 열차 세 대
가 지나갈 때까지 자네의 목소리를 듣고 또 들었지.
활력 넘치고 생생해서 마치 바로 옆에 있는 것처럼 또

렷한 자네 목소리를 들으니 어찌나 반갑고 좋던지!

내가 열네 살, 자네가 열두 살일 때 우리는 같이 학교를 다녔지. 어떻게 만나자마자 의기투합했던 걸까? 아마 공통의 관심사가 있었고 가치관도 같아서 그랬겠지. 우린 둘 다 자기밖에 모르고 자아도취적이고 야망도 넘쳤지만, 라이벌은 아니었어. 결코 상대를 비판하지 않았지. 아내들은 우리에게 돈 좀 아껴라, 술 좀 작작 마셔라, 똑바로 앉아라, 뱃살 좀 빼라 등등 잔소리를 하겠지만 우리는 그저 서로를 있는 그대로 받아들였지.

우리는 서로의 감정을 이야기한 적이 없었지. 심지어 자네가 이 세상을 떠나던 순간까지도. 우리가 연식이 좀 있는 중산층 영국 남자인 까닭도 있겠지만, 그보다도 서로의 마음을 직감적으로 알기에 구차하게 말할 필요가 없어서였어. 서른다섯 해를 친구로 지내면서 단 한 번도 언쟁을 한 적이 없었지.

우리의 우정은 더할 것도 뺄 것도 없이 견고하고 단

순했지. 질투나 시샘, 혼란스러운 욕망이나 섹스 걱정도 없지. 우정이 그래서 좋은 것 아니겠나? 연애는 짜릿하고 자극적이지만 (연애의 황홀경이란!) 불안정하고 위험하며 소모적이지. 너 나 할 것 없이 늘 눈물로 끝나지 않던가. 결혼(이건 내가 자네보다 더 잘 알 거라고 확신하는데)은 정말 최고지. 근본적이고 꼭 필요하며 제대로 될 때는 무엇과도 비교할 수 없는 축복이지만, 그러기 쉽지 않지. 평생을 애인 또는 남편이나 아내와 산다는 건 노력과 에너지와 끝없는 배려와 영원한 양보를 요하는 일이지.

우리의 관계는 이에 비하면 너무나 쉽지. 어릴 적 친구는 다림질도 필요 없이 그저 슥 걸치기만 하면 되는 편안한 카디건 같아.

우리는 서로에게 좋은 친구였지. 우리 사이를 갈라놓을 것은 세상에 없다고 생각했었는데, 마침내 우리에게도 그날이 와 버렸네. 1993년 9월 11일 일요일 아침 전화벨이 울렸을 때, 나는 주방에서 오렌지 주스를 짜고 있었지. "마음의 준비를 해야 할 거야"라고 수화기 건너 들리던 자네 목소리가 기억나네. "놀라지 말게. 나 암이야. 며칠밖에 안 남았을지 몰라."

결국 자네는 2년 반을 투병했지만 마지막 순간까지 늘 유쾌했지. 젊은 간호사(그녀는 정말 미인이었지)가 주사를 놓으려고 이불을 잡아 내리며 "좀 따끔합니다"라고 하자, 자네는 화내는 척 "간호사 아가씨, 난 곧 죽을 사람인데 그렇게 모욕을 주어야겠소?"라고 했지.

그런 자네는 이 세상에 없네. 그럼 난 어찌 지내는가? 난 잘 지내. 총선에서 (다행히) 낙선해 이제 다시 라디오와 TV에 출연하고 글도 쓰고 있다네.

살도 빠졌고 술도 덜 마셔. 다 좋아. 정말이야. 더 바라는 것도 없고, 유명하고 유쾌하고 재미난 사람들이 주변에 가득해. 여전히 나는 웃으며 산다네. 하지만 솔직히 말이야… 자네 없는 세상이 어찌 예전과 같겠나.

영원한 친구 자일스로부터

2부

행복의 비밀을
발견하다

행복 구루
클레어 박사를 만나다

"행복은 상태이지요. 영원한 특성이 아니란 겁니다. 사람들은 행복한 게 아닙니다. 그저 행복한 경험을 할 뿐이죠."

행복의
묘약을 찾아서

이 행복에 관한 일을 제대로 해야겠다는 생각이 든 때는 내가 친구를 잃고 의원직까지 잃었을 때였다.

당시 나를 알았다면 아마 내가 그냥 행복한 정도가 아니라 신경이 거슬릴 정도로 지나치게 행복하다고 생각했을 것이다. 우스꽝스러운 스웨터를 입은 모습, 〈TV-am〉과 〈카운트다운〉에 등장하는 모습 등….

하지만 그렇지 않았다. 최소한 완전히, 언제나 행복한 것은 아니었다. 물론 행복했어야 했다. 훌륭한 가정, 완벽한 아내, 풍족한 수입, 나와 대화가 되는 세 아이(수입이 있어야 아이와 교류를 지속할 수 있다)까지 남자로서 나는

다 가졌으니까. 하지만… 내 말뜻을 독자 여러분은 알 것이다. 뭔가 빠졌다. 뭔가 잘못되었다. 내가 행복해야 하는 만큼 나는 행복하지 못했다.

그래서 나는 정신과 의사를 찾았다. 융은 죽었으니 전화번호부에 나올 리 없지. 그런데 프로이트는 있었다. 알고 보니 지그문트는 아니고 클레멘트 프로이트여서 실망했다. 그래서 두 사람 이외에 영국에서 유일하게 이름이 알려진 정신과 의사를 찾기로 했다. 바로 라디오 방송으로 유명해진, 경쾌한 아일랜드 억양과 사람을 무장 해제시키는 마력의 소유자인 클레어 박사였다.

나는 그를 만나러 더블린으로 날아갔다. 실제로 만난 그는 방송에서만큼이나 유쾌한 인물이었다. 마르고 단단한 체격에 작고 반짝이는 눈을 가졌으며 남을 즐겁게 하는 매력과 붙임성이 있었다. 마치 가브리엘 번Gabriel Byrne(1950년생 아일랜드 배우–옮긴이)과 개구리 커미트Kermit the Frog(TV 인형극 〈세서미 스트리트Sesame Street〉에 등장하는 캐릭터–옮긴이)를 합친 것 같았다.

당시 그는 최고의 인기를 구가하고 있었다. 아일랜드 최초의 정신 병원인 세인트 패트릭스 병원의 의무 병원장이었던 그의 사무실까지 가기 위해 나는 병원 안내 데스크에서 미로와 같은 복도와 계단을 지나 잔뜩 부은 얼굴의 섭식 장애를 가진 젊은 여성들과 알코올중독자, 우울증 환자, 혼잣말을 중얼대며 발을 질질 끌면서 걷고 있는 사람들 사이를 지나고 팔걸이의자에 앉아 초점 없는 눈으로 허공을 응시하고 있는 노인들까지 지나쳤다. 이 명망 높은 의사의 진료실에 도착할 무렵 나는 마땅히 상담을 받아야 할 지경에 이르렀다.

그는 정말 따뜻하게 나를 맞이해 주었다.

"어떻게 오셨습니까?"

"행복의 묘약을 찾고 있습니다."

그가 웃었다.

"선생님께서 찾는 것이 묘약이라면, 더블린은 출발지로 나쁘지 않습니다."

"농담이 아닙니다, 선생님. 저는 정말 행복해지고 싶

습니다. 더 행복해지고 싶다고요. 그러니 저를 옳은 방
향으로 이끌어 주세요. 저는 행복의 7가지 비밀이 필요
합니다. 규칙 말입니다."

그가 또다시 웃었다.

"왜 하필 7가지인가요?"

"뻔하죠. 보통 7가지잖아요."

행복은
감정이 아니다

클레어 박사는 '방송에 출연하는 정신과 의사'로 대중
에게 친근하지만, 상당한 권위자다. 그는 더블린 트리니
티 대학교 임상 정신의학 교수이자 연구 위원이며 학자
다. 그는 이렇게 주의를 주었다.

"제가 최대한 도와드리겠지만 정신과 의사는 질환이
있거나 정상적인 기능을 하지 못하는 사람들을 치료하

는 것이 본업이라는 점을 기억하십시오. 따라서 제가 하는 이야기는 주로 신체적 또는 정신적 질환으로 잃어버린 건강과 행복을 되찾고자 하는 사람들을 치료하는 제 임상 경험에 근거한다는 점을 미리 말씀드립니다."

"물론입니다"라고 나는 대답했다.

그는 커피를 따르고 나를 정신과 의사의 침상에 눕게 한 뒤 우선 정의부터 시작하자고 제안했다.

"행복이란 뭘까요?"

긴 침묵이 흘렀다. 그는 자신의 책상에 앉은 채 눈을 감고 얼굴을 찌푸렸다. 마침내 그가 눈을 굳게 감은 채 입을 열었다.

"제가 말을 멈춘 이유는 너무 많은 사람들이 행복을 생리학적 상태로 설명하기 때문입니다. 그러니까 체내에 분비되는 어떤 호르몬 때문에 감정을 느끼게 된다는 식으로 말입니다. 또 어떤 사람들은 황홀경이나 고양된 기분은 행복이 아니라고 하죠."

"그래서 박사님이 생각하는 행복은 뭔가요?"

나는 질문했다. 그는 마침내 눈을 떴다.

"저는 행복이 인지의 상태, 즉 자기 자신과 주변 환경과의 관계에 대한 이성적 인식이나 이해라고 생각합니다. 물론 쾌락적인 요소들이 있지만 그게 행복의 본질은 아닙니다. 행복의 본질은 존재의 적절함을 의식적으로 인식하는 것입니다."

그는 내가 이해하고 있는지 확인하려고 내 눈을 쳐다보았다.

"네, 박사님. 듣고 있습니다. 메모도 했어요."

"또한 행복은 상태이지요. 영원한 특성이 아니란 겁니다."

그는 말을 이어 나갔다.

"사람들은 행복한 게 아닙니다. 그저 행복한 경험을 할 뿐이죠. 대부분의 사람들이 느끼는 상태는 상충하는 욕구와 욕망, 그리고 감정 사이의 균형이며, 행복은 때때로 사람들이 묘사하고 분명하게 추구하는 경험 중의 하나로서 등장합니다."

나의 현재 상태를
점검하자

그날 이후 클레어 박사와 나는 행복의 모든 측면에 대해 이야기를 나누었다. 나는 정말 많은 것을 배웠다. 클레어 박사는 내게 인간의 감정과 연결된 수많은 생물학적 체계에 대해 이야기해 주었다.

내인성 오피오이드를 알려 준 것도 그였다. 앞서 말한 것처럼 이것은 우리 몸에서 자체적으로 분비되는 마약과 같은 물질로, 조깅, 등산, 흥에 겨워 술을 진탕 마시는 것 또는 벌거벗고 큰 여행용 가방 속으로 들어가 지퍼를 잠그는 위험한 행위처럼 때때로 우리가 하는 행동에 자극을 받아 분비되기도 한다.

사람들은 이상한 행동을 하면서 '행복'을 추구한다. 내게는 1990년대에 사고로 사망한 친한 친구가 넷 있는데, 스티븐 밀리건Stephen Milligan 의원은 그중 한 명이다. 대학 동창인 스티븐과 나는 1994년 초 어느 금요일 둘이서

즐겁게 점심을 먹었다. 그러고 나서 그는 주말을 보내러 집으로 갔는데 스타킹과 가터벨트 차림으로 검은색 비닐봉지와 전깃줄을 가지고 질식 자위행위(질식을 유발해 성적 쾌락을 극대화하는 행위–옮긴이)를 하다가 죽고 말았다.

"사람들은 자연적인 황홀경을 유발하는 행위를 합니다"라고 박사는 설명했다.

"마치 어찌할 수 없는 진퇴양난의 상황에 처한 것과 같습니다. 왜냐하면 아편, 환각제, 각성제 등 약물에 의존하는 성향을 가진 사람들은 어떤 이유에서건 내인성 오피오이드 시스템이 잘 작동하지 않아서 외적 자극을 필요로 하기 때문입니다."

세로토닌 분비가 활발하지 못하거나 내인성 오피오이드 분비에 문제가 있으면 행복감을 느끼기 어렵다는 말은 생물학적 체계가 행복의 전제 조건이라는 건데, 그렇다고 이런 체계가 잘 작동하면 행복해지는 것도 아니니 참 흥미롭고도 복잡하다. 나의 구루는 이렇게 설명했다.

"특정한 감정을 느끼려면 제반 요소들이 모두 갖추어

져 있어야 합니다. 건강하게 잘 작동하는 생물학적 체계는 물론, 추구할 가치가 있는 인지적·개인적·대인 관계적 환경이 필요합니다."

7가지 비밀로 들어가기 전에 그는 여러 번 나의 상태를 점검했다. 만약 클레어 박사와 내가 지금 여러분의 현재 상태를 점검한다면 먼저 인생철학부터 살필 것이다. 낙관론자인가 비관론자인가? 물 잔이 절반이나 차 있는가, 절반이나 비어 버렸는가? 인생이 허무하다고 생각하는 사람이 절대로 행복할 수 없는 것은 아니다. 그러나 도움은 안 된다.

그런 다음 '자신의 삶에 대해 무엇을 하고 있는가?'를 질문할 것이다. 익히 알려진 대로 프로이트는 '사랑과 일'이야말로 행복의 핵심 요소라고 생각했다. 그렇다면 당신의 일은 어떤가? 일을 어떻게 생각하는가? 만족스러운가? 내가 하는 일이 성과를 내고 또 그 가치를 인정받는다고 느끼는가? 그렇다면 사랑은? 누군가를 사랑하고 또 사랑받고 있는가?

삶의 조건과
행복의 상관관계

교육 수준이 낮은 기혼 여성은 독신 여성보다 덜 행복한 반면, 교육을 받은 기혼 여성은 상대적으로 행복하다. 기혼 남성은 배우자가 사망하고 나면 정신을 못 차린다. 서둘러 재혼을 하거나 아예 죽는다.

행복에 관한
중요한 질문들

모든 행복의 원인을 남이 아닌 자신에게서 찾는 이는 행복한 삶을 사는 최고의 전략을 채택한 것이다. 이런 사람이 바로 중용과 인간다움, 지혜를 지닌 사람이다.

_플라톤

부유하거나 가난하거나, 결혼했거나 독신이거나, 건강하거나 장애가 있거나 하는 자신의 현재 상태가 행복에 영향을 미칠까?

나는 클레어 박사에게 몇 가지 중요한 질문을 던졌다.

왜 어떤 사람들은 참전의 기억을 인생에서 가장 행복한 순간으로 꼽는가?

2차 대전 참전 용사들 사이에는 전우애가 있었다. 전쟁이 아니었다면 다른 사람들과 잘 어울리지 못했을 사람들이 전쟁에서 만났다. 다른 선택이 없었던 것이다. 그들에게는 공통의 철학과 목적이 있었다. 참전 용사들은 너나없이 뭔가 가치 있는 것을 한다는 생각을 했을 것이다. 전쟁터는 자신을 시험하게 하는 곳이다. 이것은 중요한 문제였다.

행복한 사람들은 좀처럼 가만히 앉아 있지를 못한다. 대개가 무언가 지속적인 삶과의 상호작용을 벌인다. 물론 부상자나 전사자가 아닌 생존자에 국한된 이야기다. 전쟁으로 폐허가 되어 이런 전우애가 되살아난 도시를 제외하고는 고향에 돌아와서 그렇게 느낀 사람들이 얼마나 많을지는 나도 모른다.

북아일랜드 사태가 극심할 때 가장 큰 피해를 입은

폴스Falls와 샨킬Shankill의 주민들은 자신들이 행복하다고 생각하지는 않았겠지만 분명 유대감과 결속력만은 강했을 것이다. 더블린의 빈민가가 교외로 이동했을 때 파괴된 것은 이런 유대감과 결속력이었다.

물론 내가 숀 오케이시Sean O'Casey, 1880~1964(한때 혁명군이었던 아일랜드의 극작가-옮긴이)가 살았던 1930년대 빈민 공동주택을 그리워하는 것은 아니지만, 어려웠던 속에서도 그들은 서로를 더 아끼고 사랑했다.

행복에 유리한 개인의 조건은 무엇인가? 풍족한 환경인가? 부자는 더 행복한가?

아니, 반드시 그렇지는 않다. 물질적 소유를 행복과 동일시하는 생각은 사람들이 물질을 추구하게 만들었다는 측면에서는 지금까지 그 역할을 해 왔다. 그러나 돈과 물질은 수단이지 목적은 아니다.

내가 이런 것들을 거부하는 것은 아니다. 물질은 종

종 우리를 자유롭게 한다. 돈에 쪼들리면서 행복해지는 것은 쉽지 않지만, 그렇다고 풍족하면 다 행복한 것도 아니다.

복권에 당첨되면 행복하지 않을까?

그 자체로는 아니다. 돈은 수단일 뿐이나 우리 사회는 지금 목적과 수단이 뒤바뀐 끔찍한 사회가 되었다.

건강은 중요한 조건인가? 융은 그렇게 생각했던 것 같다.

중요한 요소일 수 있겠으나 반드시 그런 것은 아니다. 장애가 있어도 행복한 사람들이 있고, 고난과 역경 속에서도 인생과 고통에 대한 철학 덕분에 행복한 사람들이 있다.

외모는 중요한 조건인가? 잘생기고 예쁘면 더 행복한가?

물론 어느 정도 매력이 있으면 좋다. 사람들이 더 호의를 가지고 다가온다. 그러나 너무 과하게 아름다우면 역효과가 날 수 있다. 마릴린 먼로Marilyn Monroe는 그렇게 행복하지 못했다.

가족 관계는 어떤가?

가족에서의 위치는 영향을 준다. 부모의 모든 관심과 사랑을 혼자 독차지한 첫째들은 만족감과 자신감이 더 높다는 증거들이 있다. 현실에 불만이 없다 보니 더 보수적이고 덜 과격하다. 둘째나 셋째는 태어남과 동시에 경쟁을 해야 하는 운명이다. 따라서 첫째들이 행복 지수가 더 높을 수 있다.

이것은 이제 정치적으로 부적절한 이야기이긴 하지

만, 전반적으로 편부모보다는 양부모가 있는 편이 낫다. 물론 편부모가 어떻다는 것은 아니다. 편부모가 자녀를 훌륭하게 키워 낸 사례는 무수히 많으며 형편없는 양부모 가정도 수두룩한 것이 현실이지만, 일반적으로 양부모가 있는 환경이 좀 더 행복하기 쉽다는 뜻이다.

결혼은 어떤가?

본질적으로 남성은 결혼하면 더 유리하다고 볼 수 있다. 반대로 여성은 꼭 그렇지는 않다. 사람들을 기혼 남성, 독신 남성, 기혼 여성, 독신 여성의 네 개 범주로 나누어 살펴보면, 기혼 남성이 보통 가장 행복하고 독신 남성이 가장 불행하다.

여성의 경우는 조금 더 복잡하다. 예를 들어 교육 수준이 낮은 기혼 여성은 독신 여성보다 덜 행복한 반면, 교육을 받은 기혼 여성은 상대적으로 행복하다. 기혼 남성은 배우자가 사망하고 나면 정신을 못 차린다. 서둘러 재혼을 하거나 아예 죽는다. 여성들은 자신이 죽으면 남편이 100퍼센트 재혼할 거라고 생각한다.

여성들은 자기 남편이 결혼 생활에서 제공받는 지원 없이 살 수 없다고 생각하며, 실제로도 그런 것 같다. 반면에 여성들은 남편이 없어도 비교적 잘 산다. 남편과 사별 후 2~3년 안에 여성의 사망률이 더 높다는 증거는 없지만 상처한 남편에 대한 통계는 있다.

행복하려면
혼자 살아라?

클레어 박사는 결혼을 했고 아이가 일곱이다. 나도 결혼했고 아이가 셋이다. 인기 드라마 〈다운튼 애비Downton Abbey〉의 작가, 제작자 겸 배우인 줄리언 펠로우즈Julian Fellowes는 결혼했고 아이가 하나 있다. 우리는 평생 친구로 가끔씩 만나며 지내고 있다. (오스카상 수상자 중에서 함께 목욕을 해 본 사람으로는 그가 유일하다. 그때 우리는 세 살이었다.)

줄리언은 이렇게 말한다.

"내 생애 최고의 조언은 '행복한 결혼 생활을 하고 싶으면 행복한 사람과 결혼하라'는 어머니의 말씀이셨네. 그 말씀을 잘 들은 게 얼마나 다행인지."

남자는 행복해지려면 아내가 있어야 하는 것 같다. 2012년 11월 12일자 〈데일리 텔레그래프 Daily Telegraph〉에 실린 밸러리 엘리엇 Valerie Eliot의 부고 첫 단락에 '1957년 당시 68세의 시인 T. S. 엘리엇과 결혼한 밸러리 엘리엇이 86세를 일기로 사망했다. 고인은 온전한 숭배로 T. S. 엘리엇을 행복하게 한 기적을 행했다'라고 쓰여 있는 것을 보고 나는 충격을 받았다. 그게 그렇게 된 것이었구나.

반면에 여자에게 남편이 꼭 필요한지에 대해서는 좀 더 의견이 엇갈린다. 작가 레베카 웨스트 부인 Dame Rebecca West은 "남자라는 존재는 피아노를 옮길 때 말고는 아무 짝에도 쓸모가 없다"라고 말했다.

뉴욕에서 90세의 쿠엔틴 크리스프를 만났을 때 그는 내게 행복하게 살려면 독신이 최고라는 결론에 도달했다고 말했다.

　"4, 5년 전까지만 해도 동거에 대해 별 생각이 없었지만 최근 온갖 사람들의 고민 상담을 받다 보니 모두 같이 사는 사람과의 문제인 거야. 그래서 속 편하게 혼자 살라고 했지."

인생은 험난하지만
나는 행복하겠다

불행은 우울과 마비를 가져올 수 있다. "인간은 너무 많은 진실을 감당할 수 없다"라고 T. S. 엘리엇이 말했다. 행복은 우리가 최대한 견딜 수 있도록 해 준다. 행복은 우리를 미치지 않게 해 준다. 행복은 계속 살아갈 힘을 준다.

불행에 넋 놓고
있지 말자

어머니의 자궁에서 떨어져 광야의 불 속을 헤쳐 나와 결국 무
덤 속으로 떨어지는 것이 우리네 인생이다.

_쿠엔틴 크리스프

왜 어떤 이는 행복한가?

아일랜드의 극작가 조지 버나드 쇼George Bernard Shaw,
1856~1950는 "사람들은 대개 자신이 행복하다는 것을 인
정하지 않는다"라고 했다.

사람들은 실제로 행복하더라도 그렇게 말하는 것을
조심한다. 아마 입 밖에 내면 부정 탈까 봐 그러는 것 같

다. 아니면 시건방지거나 무신경해 보일까 봐 그럴 수도
있다.

영국의 작가 올더스 헉슬리Aldous Huxley, 1894~1963의 소
설《크롬 옐로Chrome Yellow》에는 '행복한 사람'을 '멍청한
사람', '완벽하게 무딘 사람'이라며 비난하는 인물이 등
장한다. 바깥의 삶은 험난해 소음과 비명이 가득하지만
행복한 사람들은 아예 듣지를 못한다는 것이다. TV에서
시리아나 소말리아 사태를 보면서 어떻게 행복할 수 있
겠는가?

그게 가능하기나 한가?

이것은 내가 클레어 박사에게 던진 질문이다. 세상은
전쟁과 기아, 고통으로 얼룩져 있다. 제정신과 배려심
을 가진 사람이 어떻게 이런 세상에서 행복할 수 있겠
는가?

"물론 힘들지요."

그는 조심스럽게 입을 열었다.

"물론 어렵지만, 아마도 행복을 찾는 것이야말로 우리

가 이런 험난한 세상을 헤쳐 나가는 한 가지 방법일 겁니다."

클레어 박사는 한때 가톨릭 신자였다.

"저는 불시에 비행기가 추락하고 학살과 기아로 죄 없는 사람들이 고통받는 세상에서 하나님의 존재를 믿을 수가 없어요."

그는 신에 대한 믿음을 잃었지만 사람에 대한 믿음은 잃지 않았다.

그는 《매듭Knots》과 《분열된 자아The Divided Self》를 쓴 스코틀랜드의 정신과 의사 R. D. 랭R. D. Laing, 1927~1989과의 대화에 대해 이야기해 주었다. 클레어 박사와 마찬가지로 랭도 프랑스에서 60대 초반의 나이에 심장마비로 세상을 떠났다. 클레어 박사는 이렇게 말했다.

"R. D. 랭은 여러 가지 측면에서 매우 고통받은 사람이었지만 고통에 휘둘리면 아무 쓸모없는 인간으로 전락하리란 걸 인식했습니다. 그래서 행복해지고픈 인간의 욕망은 진화의 본능인 것 같아요. 그래야 뭔가 할 수 있고, 앞으로 나아갈 수 있으니까요. 당연히 그럴 수 있겠지만 불행에 넋 놓고 있으면 마비가 올 겁니다."

행복은 계속
살아갈 힘을 준다

배우 데이비드 헤이그David Haig는 내 친구다. 내가 이 책을 쓰는 동안에도 그는 연극 〈리어 왕〉을 준비하고 있다. 데이비드는 쉴 새 없이 일한다. 아이 다섯을 먹여 살리느라 그런 것도 있겠지만 바쁘게 살면 딴생각 할 틈이 없어서이기도 하다.

"바삐 일하지 않으면 세상의 우울한 현실이 너무나 눈에 보인다네. 그러나 하루 일과를 끝내고 파김치가 되어 집에 오면 그냥 평온해."

불행은 우울과 마비를 가져올 수 있다. "인간은 너무 많은 진실을 감당할 수 없다"라고 T. S. 엘리엇이 말했다. 행복은 우리가 최대한 견딜 수 있도록 해 준다. 행복은 우리를 미치지 않게 해 준다. 행복은 계속 살아갈 힘을 준다. 두고 보라. 더 행복할수록 더 오래 앞으로 나아갈 수 있고, 더 건강해질 것이다.

- 중년에 행복하지 않은 사람들은 인생을 행복하게 보는 사람들에 비해 최대 세 배까지 사망 확률이 높다.
- 50대 이상의 행복 지수는 신체 부자유, 걷는 속도와 심장 질환 발생률에 중대한 영향을 미친다.
- 연령, 성별, 민족, 부, 교육 같은 요소와 행복은 상관관계가 없다.

위 내용은 1만 명 이상을 대상으로 몇 년간 실시한 영국 고령화 장기 연구ELSA, English Longitudinal Study of Ageing의 2013년 연구 결과다. 이 연구는 런던 대학교University College London, 맨체스터 대학교Manchester University, 재정연구소Institute for Fiscal Studies와 냇센 사회조사 연구소NatCen

Social Research가 공동 실시했다.

간단히 말해 '행복한 사람이 더 오래 산다'는 결론이
다. 연구를 통해 알려진 내용은 다음과 같다.

• 인생을 즐기는 사람이 그렇지 못한 사람보다 9~10년 더 오
래 살았다.

• 인생을 최대한 즐기는 사람에 비해 가장 그렇지 못한 사람
은 최대 세 배까지 사망률이 높았다.

삶의 질은 물론 삶의 길이까지 행복에 달려 있다는 결
론이다.

그래서 '행복의 7가지 비밀'이 필요하다. 지금 당장!

7 Secrets of
Happiness

행복의 7가지 비밀

-당신이 어떤 사람이든 행복을 가져다줄
궁극의 행복 지침

당신이 어떤 사람이건 어떤 환경에 처해 있건 이 7가지 비밀은 행복을 가져다줄 것이며, 이 규칙은 누구에게나 적용될 것이다. 이건 나의 약속이다. 내가 보증한다.

마침내 그토록 기다리던 비밀을 말할 때가 왔다.

계속 읽고 비밀을 발견한 다음 규칙을 따르라. 삶의 질을 높이는 것은 물론 수명까지 연장시켜 주는데 못 할 게 있겠는가?

처음에 내가 더블린 세인트 패트릭스 병원의 클레어 박사 진료실에 찾아가 행복의 7가지 비밀을 당장 내놓으라고 했을 때는 이 과정이 하나의 게임 같았다(물론 게임은 좋은 것이다). 그러나 계속 이야기를 하는 과정에서 더 많은 가능성을 모색하고 파고들수록 단순한 게임 이상이 되었다.

지난 몇 세기 동안 많은 사람들이 인생을 더 풍부하고 행복하며 가치 있게 만드는 방법에 대해 조언해 왔다. 그리고 나는 우연히 그런 사람들 대부분의 이름이 영문 다섯 글자인 것을 발견했다. (오스카 와일드Oscar Wilde를 아마 기억할 것이다. 믿거나 말거나, 이름이 다섯 글자인 사람들이 가장 세상에 길이 남았다.) 프로이트Freud, 플라톤Plato, 예수Jesus가 인류사에 길이 남았다는 것은 두말할 여지가 없다.

사실 깊은 가르침을 주는 사람들은 매우 많다. 행복에 관한 문학 작품도 무수하다. 인터넷에는 행복에 관한 조언과 목록과 인용문 들이 넘쳐나며, 다운로드 자료와 자기 계발서 및 판매용 DVD까지, 가히 자료의 홍수 수준이다.

재미있고 유용한 것도 물론 많지만 사방에 널린 뒤죽박죽의 자료들을 본 우리는 뭔가 사명감을 느꼈다. 그래서 클레어 박사가 평생의 진료 경험과 심도 깊은 독서를 통해 발견한 핵심적인 내용들만을 추출해 최대한 간결하고 명확하게, 궁극의 지침이자 결정적인 규칙들을 정리해 책으로 펴내기로 했다. 군더더기 없이 이것 하나면 상황 종료되는, 단 하나의 기억하기 쉬운 원칙과 교훈의 모음 말이다.

모세Moses(이 분도 이름이 다섯 글자다)는 우리에게 10계명을 주었다. 10계명은 기나긴 세월을 견뎌 지금까지 이어져 왔다. 이제 클레어Clare(와 자일스Gyles)는 행복의 7계명을 말하려고 한다. 그리고 그 7계명이면 충분히 행복할 수 있다고 자신한다.

다른 어떤 책을 읽어도 좋고, 자신이 믿는 하나님이나 따르는 구루의 발치에 앉을 수도 있지만 가난하건 부유하건, 이성애자건 동성애자건, 젊거나 늙거나, 독신이거나 결혼했거나 또는 배우자가 두 명 이상이거나, 아이가 있거나 없거나, 건강하거나 그렇지 못하거나, 대머리이거나 잘생겼거나, 뚱뚱하거나 말랐거나, 유쾌하거나 소심하거나, 당신이 어떤 사람이건 어떤 환경에 처해 있건 이 7가지 비밀은 행복을 가져다줄 것이며, 이 규칙은 누구에게나 적용될 것이다. 이건 나의 약속이다. 내가 보증한다.

비밀 자체는 단순하다. 그러나 직접 경험하게 되겠지만 규칙을 행동에 옮기는 것은 쉬운 일이 아니다. 그랬다면 우리가 이토록 행복을 갈구하지도 않았을 것이다.

선택은 여러분의 몫이다. 일단 규칙에 따라 살기로 결심했다면 하나도 빠짐없이 지켜야 한다.

1;
열정을 키워라

행복해지려면 즐겁게 할 수 있는 무언가를 찾아야 한다.

학교의 임무는 모든 아이들이 숨은 열정을 발견하고 쏟을 수 있는 무엇을 찾아 주는 것이다.

인생의 도전은 뭔가 즐거운 일, 즉 세상이 나를 버려도 끝까지 나를 지탱해 주고 어떤 상황에서도 집중하고 기쁨을 느낄 수 있는 일을 찾는 것이다.

나는 영국 최초의 여자 수상이자 최장 기간 수상직에 있었던, 그리고 어떤 기준으로 보아도 놀라운 인물인 마

거릿 대처를 만나는 영광을 가졌다. 정치는 철의 여인 대처 수상의 열정이자 인생 그 자체였다. 그랬기에 다우닝가Downing Street(영국 런던 웨스트민스터 자치구의 관청가로 총리 관저도 이곳에 있다-옮긴이)를 떠난 대처 전 수상에게는 아무것도 남은 것이 없었다.

내가 마지막으로 그녀를 만나 이야기를 나눈 것은 몇 년 전이었다. 그녀가 남아프리카에서 휴가를 보내고 있을 때 나도 우연히 그곳에 있었다. 남편인 데니스 경이 먼저 세상을 떠나고 그녀는 홀로 남겨졌다. 아들 마크를 만나러 와 있으면서도 대처는 "내가 있을 곳은 웨스트민스터"라며 안절부절못했다.

우리의 주제는 당연히 정치였다. 대처의 관심은 오로지 정치, 정치뿐이었다. 하지만 정치에 대해 이야기하는 것과 직접 정치를 하는 것은 다르다.

"나는 이젠 완전히 물러났습니다… 그 얘기는 관두죠."

대처는 한숨을 쉬며 말했다. 아쉬움이 뚝뚝 묻어났다.

2013년 4월 8일, 대처는 87세를 일기로 세상을 떠났다.

2013년 6월 20일, 로열 애스콧Royal Ascot 경마 대회에서 또 다른 87세의 위대한 인물인 엘리자베스 2세 여왕의 애마 에스티메이트Estimate가 애스콧 골드 컵 우승의 영예를 안았다. 왕실 소유의 말이 우승한 것은 이 대회의 207년 역사에서 최초로 있는 일이었다. "로열 애스콧의 큰 대회에서 우승한 것은 할머니에게는 대단한 사건"이었다고 여왕의 손자 피터 필립스Peter Phillips는 말했다.

"말은 할머니의 열정이자 인생이지요. 할머니는 매년 이 대회에 와서 우승하기 위해 애씁니다."

영국항공British Airways의 한 임원은 내게 한때 자신이 여왕과 남편인 필립 공을 대서양을 횡단하는 국제선에 모신 적이 있는데, 당시 필립 공이 조종석에서 컨트롤 장비를 다루며 어찌나 좋아하던지 여왕도 여기로 와 보시라고 하면 어떻겠냐고 물었다고 했다. 그러자 필립 공은 "아뇨. 아내는 방귀를 끼거나 건초를 먹지 않는 것에는 관심이 없소"라고 대답했다고 한다.

자신의 애마가 골드 컵에서 우승했을 때 찍은 여왕의 사진에서는 순수한 행복이 보인다.

며칠 전에는 우연히 가수 로드 스튜어트Rod Stewart가 철도 모형을 선물받을 때 옆에 있었다. 철도 모형은 그의 열정이었다. 선물 상자를 열 때 기쁨으로 빛나는 그의 얼굴을 보니 내 마음이 다 흐뭇했다.

모형 철도 만들기, 말 기르기, 합창단, 오페라 정극 관람, 브리지나 스크래블 게임, 골프나 볼링, 볼룸 댄스, 우표 수집, 요리, 정원 꾸미기, 비트겐슈타인 공부, UFO 찾기 등등 무엇이든 좋다. 나만의 열정을 키워라.

2;
나무에 매달린
나뭇잎이 되어라

    행복하게 살려면 자신만의 개성과 존재감도 중요하지만 동시에 가족, 지역 사회, 병원, 회사, 동아리, 대학, 학교와 같은 더 큰 조직의 일원이 되어야 한다. 자기 자신보다 큰 단체의 일부분이 될 필요가 있다.

    그렇다. 물론 나뭇가지에서 떨어져 나온 나뭇잎은 개성이 있고 공중에 한동안 떠 있을 수 있는 장점이 있어 자유롭게 느끼겠지만 곧 말라 죽는다.

    연구에 따르면 암이나 심장병 같은 특정 질환에 가장 잘 걸리지 않는 사람은 물론 건강에 좋은 여러 가지 행동도 하겠지만 보통 어떤 형태로든 공동체에 소속되고

사회적인 관계를 유지하는 사람이라고 한다. 그들에게 가깝다고 느끼는 사람이 몇 명이냐고 물어보면 가장 많은 이름을 대는 사람이 가장 행복해 보일 것이고 반대는 가장 불행해 보일 것이다.

물론 클레어 박사가 내게 지적했듯, 이는 순환 논리의 오류에 빠질 수 있다. 사람들은 까다로운 사람을 피하고 편안한 사람 주위에 모여들기 마련이다.

진료실에서 클레어 박사는 이렇게 말했다.

"이 진료실에서 어떤 사람들은 침상에 누워 친구가 많이 없어 외롭고 불행하다고 말하지만 사실은 스스로가 장벽을 치고 사람들의 접근을 막고 있으니 참 비극적이죠. 사회 집단 속에 들어가서도 이 사람들은 자기 얘기만 합니다. 그러니 누가 친구를 하려고 하겠습니까."

케이프타운에 있는 데즈먼드 투투의 집 주방에서 나는 대주교에게 "천국은 어떤 곳이라고 생각하십니까?"라고 물었다.

대주교는 눈을 감고 곰곰 생각하더니 손바닥을 펼쳐

식탁 위에 내려놓았다.

"천국은 공간적으로 또 시간적으로 다른 곳일 겁니다. 우리는 절대적인 미와 선이 존재하고 말이 필요 없는, 시간을 초월하는 존재를 인식하기는 어렵습니다. 그저 그런 곳에 가 있는 것으로 충분하지요. 사랑하는 사람과 함께 있으면 몇 시간이 꼭 몇 분처럼 지나가는 것을 아시지요? 천국에서는 영원이 마치 한순간처럼 지나갑니다. 천국에서는 지치지도 않습니다. 하나님은 언제나 새로운 면을 보여 주시기 때문에 지루하지도 않습니다."

"그러면 천국에도 사람들이 있나요?"

내 질문에 그는 눈을 크게 뜨고 나를 똑바로 쳐다보며 행복한 미소를 지었다.

"물론입니다. 천국도 공동체니까요. 외로운 인간은 그 자체가 모순입니다. 아프리카에는 '사람은 다른 사람을 통해서 사람이 된다' 라는 말이 있습니다. 그래서 하나님이 아담에게 단짝 이브를 만들어 준 것입니다."

에덴동산을 생각하고 나무에 매달린 나뭇잎이 되어라.

3;
거울을 깨라

거울을 깬다고 해서 속설처럼 7년간 재수 없지는 않다. 오히려 7~10년 정도 더 오래 살 것이다. 거울을 깨라. 자신을 그만 들여다봐라. 자신에 대해 그만 생각해라. 자아도취에 빠지지 말고 자기중심주의도 던져 버려라. 내 속에 너무 많은 나를 버려라.

몇 년 전, 나는 엘리자베스 2세 여왕의 부군 필립 공의 인생에 관한 글을 쓴 적이 있었다. 글을 쓰는 동안 여왕은 남편에게 마음껏 질문을 하라고 허락해 주셨고, 필립 공은 '기록의 문제'에 대해서는 최대한 자세히 답했지만 '순전한 추론'이나 그의 표현을 빌리자면 "책에 흥미를

더하기 위한" 질문에는 나를 악의적인 눈으로 바라보며 대답하지 않았다. 필립 공은 자신에 대해 이야기하는 것을 좋아하지 않는다. 그것뿐이다. 막내아들인 에드워드 왕자Prince Edward는 "아버지는 매우 겸손하셔서 자신에 대해 결코 말씀을 안 하십니다. 아버지는 늘 '다른 모든 것은 말해도 자기 자신에 대해서만은 말을 삼가라. 아무도 남에게 관심이 없다'고 말씀하시곤 하셨죠"라고 했다.

아무도 남에게 관심이 없다. 알겠는가?

아무도 관심이 없다니까. 알아들었는가?

내가 뭘 하든 남들은 관심 없다고! 확실히 이해되었는가?

어쩌면 하나님은 다를지 모른다. 하나님은 우리에게 관심이 있다고 투투 대주교가 말하기는 했다. 그러나 하나님은 예외이지 규칙이 아니다. 그리고 이 7가지 비밀은 신앙이 깊은 사람은 물론이고 무신론자와 회의론자에게도 해당되어야 한다.

물론, 부모들은 (항상 그런 건 아닐지라도 보통) 자녀들에게 관심이 있다. 그러나 대부분은 자녀들보다 먼저 세상을 떠난다. 그리고 자녀들은 어느 정도 부모에게 관심이 있겠지만 부모보다는 자기 자신에 대해 훨씬 더 관심이 많다. 또 독립하고 나면 한동안은 부모의 생신을 기억하고 연락을 드리려고 애쓰며 크리스마스에 부모님을 뵈러 올 것이다. 그러다가 언젠가는 크리스마스도 자기네들 방식대로 할 것이다.

최고의 언론인이자 방송인인 내 친구 앤드루 마_{Andrew Marr}는 직장에 너무 충실한 나머지 여자 동료와 키스까지 하다가 딱 걸렸다. 가정에서 직장에서, 또 머릿속에서 압박이 너무 심해지다 보니 결국 뇌졸중으로 쓰러졌다. 그는 이것을 '행운의 뇌졸중'이라고 불렀다. 이로 인해 잠시 멈추고 인생을 돌아보게 되었기 때문이다. 그는 뇌졸중 이후 자신과 자신의 삶의 태도가 바뀌었다고 했다. "난 나밖에 몰랐어. 그런데 뇌졸중을 겪고는 더 편안하고 행복한 사람이 되었네"라고 그는 말한다.

자기인식은 좋지만, 자아도취는 금물이다.

거울을 깨고 자기중심주의도 버려라.

4;
변화에 저항하지 말라

변화는 필요하다. 변화를 두려워하는 사람은 행복하기 힘들다. 대변혁을 말하는 것도 아니고, 그저 인생에 자극이 될 정도면 충분하다.

변화는 음식에 들어간 양념처럼 삶의 활력소다.

사람들은 특히 매사가 편안할 때 공연히 일을 만들기 싫어서 변화를 꺼린다. 하지만 약간 일을 만들어 보는 것도 나쁘지 않다.

나에게는 이것이 7가지 비밀 중 가장 행동에 옮기기 힘든 규칙이다. 본능적으로 나는 변화를 거부한다. 나는 보수적인 보수당원이다. 정치적으로 나는 '꼭 바꿀 필요가 없다면, 바꾸지 않는 것이 필요하다'와 같은 오랜 격언을 좋아한다. 전반적으로 나는 현상 유지를 선호한다. 아니 오히려 과거 회귀를 더 좋아한다. (만약 TV 프로그램이 별로인 것 같으면, 나는 아예 모니터 색을 조절해 흑백으로 본다. 그러면 뭔가 수준이 올라간다.)

신기술은 놀랍지만, 솔직히 말해 나는 매번 망할 놈의 비밀번호를 설정하는 게 아주 괴롭다. 그리고 무인계산대에서 계산만 하려고 하면 "알 수 없는 물체가 탐지되었습니다"라며 에러가 나는 통에 아주 미치겠다.

나는 연구도 해 보고 증거도 봤으며 내 본능은 틀렸고 이 규칙이 옳다는 것을 인정한다. 제2차 세계대전 당시 용감하고 대담하게 이전에 아무도 시도하지 않은 일을 해낸 사람들을 기억하는가? 클레어 박사도 말했듯이, 이들은 자신들을 시험한 것이었다.

"이건 중요한 일입니다. 행복한 사람들은 가만히 있는 일이 거의 없어요. 거의 언제나 삶과 어떤 식으로든 교류가 진행 중이지요."

삶과의 지속적인 교류에는 변화에 대처하고 새로운 것을 수용하는 활동이 포함된다.

과도한 예측 가능성과 통제 및 질서만큼이나 획일성도 행복에 대한 거대한 위협이다.

삶에는 다양성이 필요하다. 삶에 대한 자세는 유연해야 한다. 당신에게 도전을 제시하는 뜻밖의 일들이 필요하다.

그러니 변화에 저항하지 말고 변화의 손을 잡고 함께 가라.

5;
행복을 점검하라

하루 중 얼마나 많은 시간을 행복하지 않은 일에 할애하는가?

확인해 보고, 만약 현재 하는 일의 절반 이상이 행복하지 않은 일이라면 바꿔라.

미루지 마라.

정신과 의사인 앤서니 클레어가 그의 진료실에서 당신에게 보내는 메시지다. 그의 말은 일리가 있다.

"사람들은 이곳에 와서 불평합니다. 여기 침상에 누워 내게 뭐 하나 제대로 되는 게 없다고 하죠. 가족도, 일도, 뭐 하나 맘에 드는 게 없다고 말입니다. 그러면 저는

'그럼 앞으로 어쩔 생각이십니까?'라고 묻습니다."

최근의 한 연구에서 통근 시간과 삶의 만족도 사이의 흥미로운 연관 관계가 밝혀졌다. 예상했겠지만, 통근 시간이 한 시간 이상인 사람들은 통근하지 않는 사람들보다 심각하게 덜 행복한 것으로 나타났다.

이 연구의 공동 저자인 브루노 프라이Bruno Frey는 2011년 그의 다른 논문 〈행복한 사람은 장수한다Happy People Live Longer〉에서 행복한 사람이 행복하지 않은 사람보다 14퍼센트 더 오래 살고, 수명도 7.5~10년가량 연장된다고 보고했다.

이 연구 결과는 2013년 영국 고령화 장기 연구 결과 및 1970년대에 미국 오하이오 주 옥스퍼드에서 시작된 50세 이상 지역 주민 대상의 연구 결과와도 정확히 일치한다. 40년이 지난 지금, 오하이오 주 옥스퍼드에서는 누가 아직까지 건강하게 살고 있을까? 삶과 임박한 노년에 대해 긍정적 태도를 견지한 사람들이 부정적 태도를 지닌 사람들보다 평균 7.6년 더 오래 살았다.

통근 시간을 줄이기 위해 이직(혹은 이사)을 하는 것은 불가능한 일은 아니지만 어려울 수는 있다. 하지만 7년 이상 더 살 수 있다는데 한번 고려해봄 직하지 않은가?

자신의 인생을 들여다보라. 그것도 자세히. 현재 하는 일과 하지 않는 일을 말이다. 어떻게 시간을 보내고 있으며 그로 인해 당신은 어떤 기분인지 정확히 평가하라. 장수하고 싶다면 행복을 점검해 본 후 삶의 행복 지수를 높일 수 있는 일을 적극적으로 하라.

내가 가장 좋아하는 영화배우인 제임스 코든James Corden은 이렇게 말했다.

"뭔가 하는 것과 하지 않는 것의 차이는 뭔가 한다는 것이다. 그러니 그냥 하라(하지만 너무 심각하게는 말고. 그러면 멋이 없다)."

6;
순간을 살라

일전에 나는 시상식 행사를 위해 모교를 방문한 적이 있었다. 옛 추억이 생각나 무척 행복했다.

시상식에 들어가기 전에 연로하신 교장 선생님의 방에서 음료를 대접받았다. 내가 학교에 다닐 때도 선생님은 연로하신 교장 선생님이었다. 내가 열 살 때 당시 교장이셨던 스톡스Stocks 선생님은 여든이셨다. 당시 모습은 생생하게 기억나는데, 하셨던 말씀은 딱 하나만 기억난다. 너무 자주 그 말씀을 하셔서 기억 못 하는 게 더 이상할 것이다. 바로 "라틴어를 정확히 해라"였다.

교장 선생님은 틈만 나면 그 말씀을 하셨다. 내 리포

트에도 그렇게 써 주셨다. 나는 여름방학 때 교장 선생님이 보내 주신 그림엽서를 아직도 가지고 있다. 내용은 예상대로다.

라틴어를 정확히 해라.

C. L. 스톡스

뒤돌아보니, 이제 교장 선생님의 뜻이 완전히 이해가 간다. 학교에서 나는 라틴어를 못하는 편이 아니었지만 집중을 하지 않았기 때문에 사실 내 실력만큼 잘하지는 못했다. 늘 수업 시간에 떠들고 장난도 많이 쳤다. 예를 들어 "'In loco parentis'는 '우리 아버지는 기관사이다'라는 뜻이에요"라고 말이다(기관차를 뜻하는 locomotive와 유사한 발음을 가지고 말장난을 한 것으로 원래 뜻은 '아버지의 자리에'임-옮긴이).

나는 잉크 폭탄을 만들고 수업 중에 창밖을 내다보기 일쑤였다. 다음 수업, 성가대 연습, 군것질 등 온갖 잡

생각으로 수업을 제대로 듣지 않았다. '라틴어를 정확히 해라'는 바로 '집중해라', '정신을 똑바로 차려라', '현재에 머물러라', '바로 여기, 지금을 살아라'라는 뜻이었던 것이다.

시상식이 끝나고 학교 식당에서 차를 마셨는데 바로 거기 벽난로 위 나무 패널에 로마의 서정시인 호라티우스Horace의 송가Odes에 등장하는 유명한 시구가 새겨져 있었다.

Carpe diem, quam minimum credula postero

다행히 나의 라틴어 실력은 이 시구를 '오늘을 잡아라, 내일은 최소한만 믿어라'라고 해석할 정도는 된다.

행복해지고 싶다면 하고 싶지만 계속 미루고 있는 일에 집중하라. 하고 싶은 일, 할 가치가 있는 일이라면 최대한 미루지 말라. 하루하루 해야 할 일들로 바쁘다는 핑계 뒤에 숨지 말라.

생계를 위한 돈벌이에 쏟는 시간은 줄이고 행복한 일에 들이는 시간은 늘려라. 영화가 좋으면 극장에 가고 오페라가 질색이면 안 보면 된다. 무엇을 하든 할 때는 확실하게 하라.

그리고 전적으로 즐거운 일이 아닐지라도 전적으로 몰입하라.

코펜하겐에 있는 덴마크 여왕의 궁을 방문했을 때, 여왕은 내게 말했다.

"여왕의 일이라는 것은 반복의 연속입니다. 매년 똑같은 행사, 의전, 업무 들이 반복되지요. 가끔은 지겨워서 비명이 나올 지경이지만, 부모님께서는 제게 정말 유용한 것을 알려 주셨고 저도 이것을 저의 두 아들에게 전해 주려고 노력합니다. 바로 무엇을 하더라도 깨어 있는 의식으로 집중하라는 겁니다.

예를 들어, 지루한 연설들을 수없이 들어야 하지만, 그보다 더 지루한 것은 지루한 연설을 듣지 않는 것입니다. 잘 들어보면 생각보다 꽤 들을 만합니다. 머릿속으로 연설 내용에 대해 반론을 펼 수도 있고, '표현을 저렇게 하다니' 하며 나름의 비판도 할 수 있지요. 의식을 꺼서는 안 됩니다. 어떻게든 듣는 게 더 낫습니다."

의식을 끄지 마라. 몰입하라. 산만해지지 않도록 노력하라. 집중하라. 정신을 똑바로 차려라. 현재에 머물러라. 커피 향을 즐겨라. 음식 맛을 음미하라. 연설을 들어라. 라틴어를 정확히 해라. 딴 생각을 하거나 휴대폰 확인하기를 멈추고 지금 현재의 상황을 즐겨라.

오늘을 잡아라. 사실 어제나 내일을 잡을 순 없지 않은가. 그러니 지금 이 순간을 살아라.

숨을 쉴 때는 깊이, 음식을 먹을 때는 맛을 느끼며, 잠을 잘 때는 깊이 자는 법을 배워라. 온 힘을 다해 충만하게 살아가려 노력하라. 웃을 때는 미친 듯이 웃고 화낼 때는 제대로 화내라. 살아 있는 동안 살아 있으려 애써라. 인생은 그다지 길지 않다.

_윌리엄 사로얀William Saroyan

7;
행복하라

드디어 마지막 비밀이다. 행복해지고 싶다면…

'행복하라'.

행복한 행동을 하고 행복한 얼굴을 하라.

사고방식을 바꿔라. "낙관론자가 되기를 선택하라, 그게 더 기분이 좋다"고 달라이 라마는 말한다.

만약 당신이 비관론자라면 "앞으로 나는 낙관론자가 될 거야"라고 자신에게 되뇌어 보라. 그러면 그 자체로 기분에 변화가 온다.

그러면 된다.

효과가 있다.

정말 그렇다고 말할 수 있어 나는 행복하다.

언제부턴가 사람들은 '왜 사는가?', '무엇을 위해 사는 가?'라는 철학적 물음에 틀에서 붕어빵 찍혀 나오듯 똑같이 '행복'이라고 답한다. '행복하기 위해 산다'는 말은 마치 '태양은 동쪽에서 뜬다'처럼 오류를 찾을 수 없는 당연한 진리처럼 여겨진다. 그럼에도 불구하고 넘쳐 나는 행복 관련 서적과 방송, 인터넷 등 온갖 매체의 행복론을 아무리 들여다보아도 무엇이 행복인지, 어떻게 해야 완벽하게 행복해질 수 있는지에 대한 붕어빵 같은 정답은 없는 것 같다.

어쩌면 참으로 행복해지기 힘든 시절이다. 더군다나

오늘날의 한국에서는 행복한 것이 미안하기까지 하다. 사람들이 보편적으로 행복에 집착하는 것도 그만큼 찾기 힘들어서일 것이다. 이런 우리가, 이런 시점에, 감히 행복을 말해도 될까? 물론이다. 왜냐하면 행복은 진화의 본능이기 때문이다. 행복하기 힘들기 때문에 더 행복해지고 싶다. 그래야 살 수 있다. 생명이 살고자 하는 것은 본능이니, 그것을 나무라서는 안 된다.

저자는 영국의 유명한 연예인이자 정치인이다. 그가 인터뷰한 세계적 인사들의 행복 관련 일화는 물론이고, 평소 우리가 잘 몰랐던 왕실을 포함한 영국 정계와 연예계 뒷이야기가 아주 흥미롭다. 산전수전 공중전 다 겪은 이 남자의 행복 필살기 7계명을 귀담아들어서 손해 볼 일은 없을 것이다. 옛말에 어른들 말 잘 들으면 자다가도 떡이 생긴다고 했는데, 이 영국 어르신 말씀을 들으면 혹시 아는가? 자다가 떡이 아니라 케이크라도 생길지.

그렇다면 과연 나의 행복과 남의 행복 그리고 만물의 행복이 가능하고 또 공존할 수 있을까? 행복도 혹시 제로섬 게임처럼 우주의 총량이 정해진 것은 아닐까? 나는 행복의 총량이 정해진 것이 아니라 행복과 욕심의 합의 총량이 정해져 있다고 생각한다. 그러므로 행복의 크기를 키우고 싶다면 욕심의 크기를 줄이면 된다.

행복에 대해 많은 사람들이 비슷한 이야기를 하지만, 문제는 실천이다. 저자의 행복론도 마찬가지다. 그가 제시하는 행복의 비밀은 듣기에는 쉬울지 모르나 실천하기는 힘든 7가지 행동 지침이다.

행복의 7가지 비밀을 마치 체크리스트처럼 하나씩 지워 가며 성취하는 것으로 생각하기보다는, 가볍게 물 흐르듯 읽다 보면 어느새 미소가 지어질 것이다. 이 책을 손에 들고 가까운 근린공원에라도 나가 보자. 햇살 속에 깔깔대는 아이들의 웃음소리를 들으며 이 책을 읽을 수 있는 여유, 누가 주는 것이 아니라 내 스스로 만드는 그런 여유가 바로 행복이라고 감히 말해 본다.

강수희

인생은 불친절하지만
나는 행복하겠다
-영국을 들끓게 한 버밍엄大 화제의 행복학 특강

1판 1쇄 인쇄 2014년 7월 25일
1판 1쇄 발행 2014년 8월 1일

지은이 자일스 브랜드리스
옮긴이 강수희
펴낸이 고영수

경영기획 고병욱 **기획 · 편집** 노종한 허태영 박나래
외서기획 우정민 **마케팅** 유경민 김재욱 **제작** 김기창
총무 문준기 노재경 송민진 **관리** 주동은 조재언 신현민

펴낸곳 추수밭
등록 제406-2006-00061호(2005.11.11)
주소 135-816 서울시 강남구 도산대로38길 11(논현동 63) 청림출판 추수밭
    413-120 경기도 파주시 회동길 173(문발동 518-6) 청림아트스페이스
전화 02)546-4341
팩스 02)546-8053

www.chungrim.com
cr2@chungrim.com

ISBN 979-11-5540-020-3 03180